한 권으로 읽는 통도사

한국불교근본도량 통도사
1377년의 역사

한 권으로 읽는
통도사

담앤북스

한 권으로 읽는 통도사

무슨 까닭인지 통도사라는 단어를 보거나 듣게 되면 눈은 커지고 귀가 쫑긋해집니다. 금생의 인연만은 아닌 듯합니다. 통도사에는 신라시대부터 현재까지 그 세월만큼의 역사와 전통 그리고 이야기가 가득합니다. 그야말로 곳곳이 보물창고입니다. 그러나 많은 사람들이 그 이야기와 역사에 관심을 두지 않거나 혹은 잘못 알고 있거나 또는 단편적으로만 알고 있습니다.

이에 영축문화연구원에서는 2020년 통도사의 방대한 역사와 이야기를 담은 두 권의 기록물 『신편 통도사지』를 발간하였습니다. 학계의 큰 관심을 받았고, 많은 학자들에게 중요한 연구의 사료가 되었다는 점에서 의미 있는 출간이었습니다.

금번에 발행하는 『한 권으로 읽는 통도사』는 상·하 두 권으로 발간한 『신편 통도사지』를 다시 한 권에 모아 낸 것입니다. 한정된 틀 속에 1,400여 성상의 별처럼 많은 이야기를 담아내기란 쉽지 않은 일이었으나 보다 대중적이고 보편적인, 일반인들이 읽을 수 있는 편집 방향을 고민하였습니다. 그리하여 역사적으로 검증된 여러 기록을 참고한 사지의 이점을 그대로 살리되, '자세히 보아야 보인다'라는 작은 코너를 더해 새로운 이야기를 추가하였습니다. 아울러 각 장마다 QR코드를 배치해 활자의 한계를 넘어 영상으로 보고, 듣고, 읽을 수 있도록 하였습니다.

역사의 기록은 옛 언어로 쓰인 것이 대부분입니다. 이를 해석하고 오늘날의 언어로 바꾸다 보면 그 의미가 흐트러지는 우를 범할 수 있습니다. 그래서 되도록이면 옛 언어의 맛을 살리면서 현대적인 편집이 되도록 구상하였습니다. 더욱 깊이 있는 탐독을 원하시는 분들은 『신편 통도사지』를 참고하면 통도사의 역사 이해에 많은 도움이 되리라 생각합니다.

이 한 권의 책이 발간되기까지 지원과 관심을 아끼지 않으신 대한불교조계종 종정 중봉 성파 대종사님과 통도사 주지 이산 현문 스님, 영축문화연구원 관계자 여러분께 감사드립니다.

영축총림 통도사

Contents

I

—

대국통 자장율사, 통도사를 창건하다

한국불교 근본도량 통도사

　삼국시대에 한반도로 들어온 불교는 정치·사회·경제·문화 등 사회 전반에 큰 영향을 주었다. 불교 수용 초기에는 미륵신앙이 성행하고, 삼국시대 말기부터 통일신라 초기에는 화엄사상에 의한 화엄신앙이 유행했다. 통일신라 중기에는 아미타불의 정토신앙과 관세음보살신앙이 서민들에게 널리 퍼져 나갔으며 통일신라 말기에는 지방 호족 세력과 결합한 선종이 고려 초기까지 이른바 구산선문九山禪門을 형성하며 성장했다. 그리고 약사불신앙과 밀교신앙도 함께 유행했다. 고려 말기에는 원나라로부터 화두話頭를 탐구하는 임제선臨濟禪이 들어왔는데 국가의 지원 아래 다양한 신앙 형태를 받아들인 고려불교는 사원 규모, 승려 수와 경제력에서 비약적으로 발전했다.

　조선시대에 들어서면서 유교를 지배 이념으로 내세워 불교를 억압했지만 왕실과 사대부, 일반 서민의 부녀자들은 여전히 불교를 신앙했다. 그리하여 오랜 역사를 지닌 큰 사찰은 불교가 들어온 이후 다양한 신앙 형태를 포함한 통합불교적인 사원 구조를 가지고 있다.

　646년(선덕여왕 15)에 창건된 통도사는 1,400년에 가까운 세월을 지나면서 꾸준히 사찰 규모를 키워 온 한국불교의 으뜸 사찰이다. 부처님의 사리를 모신 금강계단이 있는 불보佛寶사찰로서 불교를 숭상하던 고려시대

에 많은 건축물이 들어서면서 큰 사찰이 되었고 불교를 탄압했던 조선시대에도 스님과 신도들이 마음을 모아 오늘날의 통도사를 이룩했다. 유교를 숭배하고 불교를 억압하던 조선시대에 규모가 큰 사찰이 많이 사라졌다. 화재가 나거나 허물어지면 중창하는 데 엄청난 불사 비용이 들기에 엄두도 못 내고 포기해야만 했다. 하지만 통도사는 창건 이후 실화失火나 전화戰火로 여러 차례 위기를 맞는 가운데서도 굳건한 불심으로 가람의 재건을 이루었다.

사찰의 규모는 사찰을 찾는 신도 수에 비례하고 신도는 성스러운 예경물이 있거나 영험 있는 불상이나 고승대덕이 계신 사찰을 찾는다. 오늘날 통도사가 우리나라 으뜸 사찰로서 위상을 드높일 수 있는 것은 부처님 진신사리를 모신 금강계단이 있고 부처님과 자장율사의 가사를 봉안하고 있으며 많은 대덕스님들이 전통을 계승해 왔기 때문이다.

통도사는
왜 지어졌을까?

646년 자장율사에 의해 창건된 통도사는 2018년 '산사, 한국의 산지승원' 이름으로 유네스코 세계유산에 등재되면서 한국뿐만 아니라 전 세계적으로 역사적 우수성을 인정받고 있다. 1,400년에 가까운 오랜 역사 동안 스님들이 기거하며 수행하였다는 점에서 그 역사와 문화를 인정받은 것이다.

통도사는 자장율사가 부처님의 진신사리를 모셔 와 창건했으며, 계율 정신 선양이라는 분명한 목적을 갖고 건립되었다. 또한 창건 이래 단 한 번도 폐사된 적 없이 부처님의 가르침을 면면히 이어 왔다. 이로써 진신 사리를 봉안한 불보종찰이자 한국불교의 근본을 잇는 불지종가이며 세계가 인정한 세계유산으로서 가치를 지닌 통도사는 시대를 막론하고 최고, 최상의 사찰임이 인정된다.

그렇다면 자장 스님은 왜 통도사를 창건하셨을까? 『삼국유사』「황룡사 구층탑」에는 문수보살이 "신라는 산천이 험난하기 때문에 백성들의 성품이 거칠고 드세다. 이 때문에 삿된 견해를 많이 믿는다."라고 전하며 당시 불교 전래의 필요성을 밝히고 있다. 불교가 전래되기 이전에는 삼산三山·오악五嶽과 같은 산악숭배의 양상이 크게 유행하고 있었다. 이 같

우리나라 3대 사찰의 하나로, 부처님 진신사리眞身舍利를 모신 불보佛寶사찰 통도사. 모든 진리를 회통會通하여 일체중생을 제도濟道한다는 의미에서 '통도'라 이름 지었다고 한다.

대국통 자장율사, 통도사를 창건하다

은 삿된 견해를 물리치는 것은 정견, 즉 바른 견해다. 백성들이 삿된 견해에 휩싸여 있고 이를 구제하기 위해서는 '불교'를 통해 정견을 갖게 하는 것이 최고의 교육이었던 것이다.

자장 스님은 636년 당나라로 향한다. 그리고 당의 2대 황제인 당태종을 친견하고 639~641년 3년간 장안 남쪽의 종남산 운제사 동쪽에서 깊은 선정과 계율을 수행했다. 이후 스님은 산서성 오대산으로 문수보살 친견을 위한 성지순례 길에 오른다. 오대산에 이르러 동대에 올랐다 북대로 가는데, 이곳에서 제석천이 조성했다는 전설이 서려 있는 문수보살소상 앞에서 10일간 용맹정진에 돌입한다. 이때 꿈에 문수보살이 나타나 수기를 주면서『화엄경』의 범어 게송을 가르쳐 주는 이적을 경험한다. 그러고는 다음 날 문수보살의 화신을 직접 친견하고 부처님의 가사와 정골(두개골)사리, 지골(손가락뼈)사리와 육신사리 100과 등의 성물을 받아 신라에 모실 것을 부촉받는다.『통도사사리가사사적약록』에는 문수보살이 부촉하는 내용이 상세히 표현되어 있다.

> (문수보살이 자장 스님에게 말하였다.) "이 성물들은 본사이신 석가여래께서 직접 착용하시던 가사와 진신사리 및 부처님 정골사리 등 부처님의 유물입니다. 당신은 말세에 계율을 잘 갖춘 승려이므로 내가 이 성물들을 부촉하는 것이니, 당신께서는 잘 받들어 지니시기 바랍니다. 당신의 본국인 신라의 경계 남쪽에 축서산이 있는데, 그 아래에 신령한 연못이 있습니다. 그곳은 독룡이 머무는 곳입니다. 용은 언제나 악독한 마음을 가져 폭풍우를 일으켜 곡식에 치명적인 손상을 입혀 인민을 곤궁하게 합니다.

당신은 저 용이 사는 못에 계단戒壇을 축조하여 불사리와 가사를 봉안하십시오. 그러면 물·불·바람의 삼재가 침노하지 못하여 영원토록 불법이 멸하지 않고 상주하는 장소가 되며, 천룡팔부(천·용·야차·건달바·아수라·가루라·긴나라·마후라가)가 떠나지 않고 옹호하는 곳이 될 것입니다."

『통도사사리가사사적약록』, 1642년

신라로 돌아온 자장 스님은 황룡사구층목탑의 정상인 상륜부와 맨 아래의 주심초석에 문수보살께 받은 사리를 봉안한다. 이는 부처님의 위신력이 탑 전체를 휘감아 뻗쳐서 신라의 국운이 융성하기를 염원한 것이다. 또 목탑이 완성된 직후인 646년 하반기에 자장 스님은 다시금 언양 축서산(鷲捿山, 현 양산 영축산)에 계단을 설치한 사찰(계단사찰)인 통도사를 개창하고, 정골사리와 치아사리 및 지골사리와 부처님의 가사를 봉안한다. 부처님의 성물을 모심으로써 출가하는 승려들 모두가 견고한 수행자의 자세를 확립하도록 하기 위함이었다.

계단을 통한 득도와 계율이 안정되지 않으면 수행자 집단인 승단은 개별성으로 흐르기 쉽다. 이런 경우 당시 위기의 신라는 더욱 위태로워지고 이것은 곧 모든 백성의 고통으로 직결될 수밖에 없다. 이 문제의 해결이 부처님 사리 중에서도 정수인 정골사리를 모시고 또 이와 함께 의발衣鉢의 상전相傳이라는 상징성을 가지는 가사를 배치하여 수계 득도를 통한 신라 불교의 단속과 도약이었다. 즉 석가모니부처님께서 마하가섭을 통해 미래불인 미륵에게 금란가사를 전달하는 것처럼, 통도사를 통한 수계는 새롭게 출가하는 승려들에게 부처님의 출가 정신이 온전히 전달되는 역할을 하였다는 것이다.

통도사의 계단 건립은 황룡사구층목탑이 완공되는 646년에 이루어진다. 이는 수도의 모든 사람이 우러러볼 수 있는 구층목탑을 통해 불력을 과시하고 국론을 통합한 직후에 통도사 창건을 통해 승단의 안정과 정비를 시도했다는 것을 의미한다. 즉 신라의 귀족과 백성에게는 거대하고 장엄한 구층목탑을, 그리고 승려들에게는 부처님과 직결되는 경건함의 의미를 부여한 것이다.

『속고승전』에는 자장 스님의 교화로 인해 당시 신라 사람들 가운데 "열에 아홉 집이 불교를 믿게 되었다."라는 내용이 기록되어 있다. 또 도선 스님의 사제인 도세^(道世, ?~683) 스님의 『법원주림法苑珠林』「당사문석자장唐沙門釋慈藏」에는 "신라의 불교에 갖추어진 법식과 승려의 위의 등이 모두 당나라와 대등해졌다."라고 적혀 있다.

즉 신라불교의 미비로 인해 자장 스님이 귀국할 때 대장경과 장엄물을 가져온 상황이었다는 점을 고려한다면, 구층목탑과 계단 건립을 통한 교화가 단기간에 신라불교를 일신했음을 짐작해 볼 수 있다. 이 때문에 도선 스님은 『속고승전』「자장전」에서 자장 스님을 '호법보살'이라고까지 극찬했던 것이다.

열에 아홉 집이 불교를 믿는 상황에서 불교의 안정은 신라가 융성하는 토대로 확립되었음을 의미한다. 즉 신라 부흥의 초석은 이때 자장 스님에 의해 완비되었다고 할 수 있다. 이러한 결과물이 이후 태종무열왕 김춘추와 문무왕 법민에 의한 신라의 삼국통일이라는 위대한 결실로 완료된다. 자장 스님의 불교 진흥과 승단 정비의 최대 수혜자는 중대 신라를 열어젖힌 김춘추였다.

통도사 창건은 사찰의 건립이라는 목적 이상을 의미한다. 창건 역사를 짚어 보기 위해서는 당대 신라의 역사적 배경, 그리고 불교가 차지하고 있던 위치를 전체적으로 고려해야 한다. 곧 신라의 융성이라는 필연적인 관계 속에서 불교 교단의 확립이라는 통도사의 창건이 이루어진 것이다.

통도사 개산조이신
자장율사의
가르침을 기리는 개산조당.
해장보각 안에는 스님의
진영이 모셔져 있다.

통도사 창건의 근본정신을
담고 있는 금강계단의
'금강金剛'은 깨지지 않는
부처님의 지혜를 상징한다.

자세히
보아야
보인다

'통도사' 이름의 유래

통도사의 사명은 창건 이래 변함없이 이어져 왔다. 그 유래에 대해서 정확히 명시된 바는 없으나 여러 기록을 통해 몇 가지를 유추해 볼 수 있다. 해담율사가 쓴 『통도사사적』에 따르면 대략 아래와 같은 이유로 사명이 유래되었음을 알 수 있다.

첫 번째는
차산지형 통어인도영축산야 此山之形 通於印度靈鷲山也
이 산의 형세가 인도의 영축산과 닮았기 때문이다.
이는 통도사가 부처님의 진신사리와 가사를 봉안하였기에 부처님께서 가르침을 설하셨던 인도 영축산과의 관계성을 뜻하는 것이니 통도사는 부처님이 늘 상주하는 설법처라 할 수 있다.

두 번째는

위승자통이도지 **爲僧者通以度之**

승려가 되려는 자는 이곳에서 득도해야 한다.

금강계단을 통한 수계를 의미하는 것으로, 이는 통도사 창건의 목적을 설명하고 있다.

세 번째는

통만법도중생 **通萬法度衆生**

만 가지 법을 통달해서 중생을 제도한다.

이는 불교의 궁극적인 목적을 이야기하는 것이다.

세 가지 뜻을 종합해 보면 부처님의 진신사리를 모시고 있는 통도사는 참다운 승려와 불자를 배출하여 그들이 부처님의 가르침을 통해 모든 중생을 제도하고자 하는 목적을 지닌 사찰이다.

한 권으로 읽는 통도사

Ⅱ

통도사의 전각

통도사 대웅전에는
왜 불상이 없을까?

한 권으로 읽는 통도사

통도사 대웅전은
부처님의 진신사리를
참배하는 용도로 지어졌기 때문에
금강계단을 향하는 한쪽 벽면이
유리로 되어 있다.
화려하고 장엄한 불단 위에는
불상이 없다.

대웅전은 보통 석가모니부처님의 불상을 모시고 있는 가장 큰 법당을 이르는 말이다. 그러나 통도사 대웅전에는 불상이 없다. 대신 대웅전 내부의 큰 창을 통해 부처님의 진신사리를 모신 사리탑을 향해 예경한다. 이유는 무엇일까? 불상은 부처님을 상징하는 일종의 상징물이다. 그러나 부처님의 정골사리가 모셔져 있다면, 상징물인 불상은 필요가 없다. 또한 통도사는 창건 당시부터 사리탑을 참배하는 용도로 사리전을 조성했고, 이 사리전이 훗날의 대웅전이 된다. 따라서 사리를 참배하는 장소로서의 대웅전이 존재하는 것이다.

석가모니부처님께서 열반에 들자 제자들은 부처님을 떠올릴 수 있는 상징물에 대해 생각한다. 이전까지는 부처님께서 살아 계셨기 때문에 직접 뵙거나 법문을 들으면 됐으므로 상징물이 필요하지 않았다. 하지만 열반하신 이후에는 잔존 유해인 영골 사리에 주목한다. 오늘날에는 사리를 생각할 때 오색영롱한 구슬 같은 이미지를 떠올리지만, 당시에는 화장한 이후에 남은 육신의 잔해 전체를 사리라고 칭했다.

부처님께서 열반에 들자 당시의 화장법에 의해 법구를 다비했고 이때의 영골을 수습하여 근본 8탑을 건립한다. 사리가 모셔진 탑은 곧 부처님을 상징하므로 매우 성스러운 것으로 여겨졌고, 훗날 사리를 봉안한 불탑이 성행하게 되었다. 사리를 봉안한 불탑은 불교가 동아시아로 전래되면서 그 영향력과 상징성을 그대로 이어 간다. 신라에서도 사리는 막강한 상징성을 지닌 성물로 인식되었다. 『삼국유사』에는 "신라에서 가장 오래된 사리는 549년 중국의 육조시대, 남조의 양나라에서 진흥왕에게 보내온 사리"라고 전한다. 자장 스님이 사리를 모셔 오기 이전에도 다수의 사리가 전래되어 국내로 유입됐음을 알 수 있다. 사리의 수는 유한하지만 부처님을 상징하는 최고의 상징물로서 불법의 전파와 함께 부처님의 사리가 전해진 것이다.

한국 불교의 역사에서 자장 스님만큼 사리신앙의 핵심을 이루는 인물은 없다. 현재 5대 보궁으로 전해지는 통도사·오대산 중대·정암사·법흥사·봉정암이 모두 자장 스님이 중국 오대산에서 모셔 온 사리에 입각한 보궁임을 표방하고 있는 것이 이와 같은 상황을 잘 나타내 준다. 이외에도 적멸보궁을 표방하는 강원도 고성 건봉사와 속리산 법주사 역시 통도사의 사리가 임진왜란 때 왜구에 의해 손괴되는 것을 우려해 이운되는 과정에서 남긴 사리를 모신 사찰이니, 이들 보궁 역시 근원을 따지면 모두 자장 스님과 통도사로 소급된다. 이 외에 북한의 묘향산 보현사도 불사리로 유명한데, 이 사리 역시 사명대사에 의해 이운된 통도사의 사리가 서산대사에게 보관되는 과정에서 일부가 남게 된 것으로 역시 통도사로 귀속될 수 있다. 즉 현존하는 적멸보궁과 관련해서는 자장 스님과 통도사의 영향이 압도적이다.

사리의 영험에 대해 가장 특기할 만한 것은 1378년 음력 8~9월 고려의 수도 개경에서 있었던 사실을 기록한 「통도사석가여래사리지기通度寺釋迦如來舍利之記」이다.

고려 말 왜구의 침략 과정에서 통도사의 사리가 탈취될 위험에 처하게 되자 주지 월송月松 스님이 사리를 수도인 개경으로 이운한다. 이때 월송 스님이 모신 사리는 정골사리 1과 · 사리 4과와 여기에 비라금점가사 1령이 더 있었다. 월송 스님이 먼저 찾은 곳은 문하평리門下評理 이득분李得芬의 집이었는데, 이때 병환 중이던 이득분은 사리를 친견하고 병이 씻은 듯 낫게 된다. 이후 사리는 개경 송림사松林寺에 봉안되는데, 이 소식을 듣고 달려온 귀족들이 구름같이 운집해서 사리가 분신하기를 기원한다. 그 결과 이득분 3과 · 영창군永昌君 왕유王瑜 3과 · 시중侍中 윤항尹恒 15과 · 회성군檜城君의 부인 조씨趙氏 30과 · 천마산天磨山의 승려들 3과 · 성거산聖居山의 승려들 4과 · 황회성黃檜城 1과 등 총 59과의 분신사리가 나타나는 이적이 발생한다. 이 소식을 들은 우왕(禑王, 재위 1374~1388)의 명으로 1379년 음력 5월에 이색이 그 전말을 글로 남기게 된다. 이는 고려 말 사리 이적으로 최대의 사건이었다. 아래는 목은 이색이 쓴 「통도사석가여래사리지기」의 전문이다.

홍무洪武 12년 기미년 가을 8월 24일, 남산종南山宗 통도사通度寺 주지, 원통무애변지대사圓通無碍辯智大師 사문 신臣 월송月松이 그 절에서 대대로 소장해 오던, 자장율사가 중국에 들어가서 구해 온 석가여래 정수리뼈[頂骨] 1매, 사리 4과, 비라금점가사毘羅金點袈裟 1벌, 보

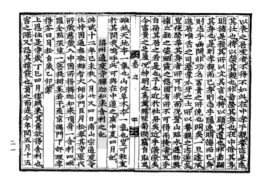

리수 잎에 쓴 불경 약간을 받들고 서울로 가서 문하평리門下評理
이득분李得芬을 찾아뵙고 말하였다.

"저는 을묘년(1375)부터 임금의 은혜를 입어 이 절의 주지를 맡고
있었습니다. 정사년(1377) 4월에 왜적이 쳐들어왔는데 그 목적은
사리를 얻으려는 것이었습니다. 땅에 구덩이를 깊이 파고 숨겼
으나 그래도 적들이 파서 가져가지 않을까 걱정이 되어 등에 지
고 도망했습니다. 올해 윤5월 5일에 왜적이 또 쳐들어왔기에 또
등에 지고 절 뒤의 산등성이로 올라가서 개암나무로 가려진 덤
불 사이에 숨었습니다. 적이 '주지는 어디 있는가? 사리는 어디
있는가?'라고 하며 절의 하인을 잡아다 볼기를 치며 다급하게 추
궁하였습니다. 마침 하늘이 깜깜해지면서 비도 그치지 않고 내
려서 쫓아오는 자가 없기에 양산을 넘어 언양에 이르렀습니다.
다음 날 절의 하인이 내 말을 가지고 왔기에 만나서 서로 붙잡고
울었습니다. 그러나 절로 돌아가려고 해도 적이 아직 물러가지
않았고 마침 주지도 새로 오기로 되어 있어서 봉안할 만한 곳이
없어서 그대로 받들고 이곳으로 왔습니다."

그때 이공은 몸이 좀 좋지 않아서 손님을 사절하고 있다가 사리가 왔다는 말을 듣자 벌떡 일어나 "사리가 우리 집에 왔단 말인가."라면서 기쁘고 반가운 나머지 아프던 몸이 다 회복되었다. 그리고 대궐에 들어가 임금께 아뢰려고 하는데 장씨의 난[張氏之難]이 일어나는 바람에 한 달 동안을 실행하지 못하고 있다가, 찬성사贊成事 목인길睦仁吉 상의商議 홍영통洪永通이 임금 앞에 아뢰었다. 태후와 근비謹妃가 다 지극한 공경으로 예를 올렸고, 태후는 은그릇과 보주寶珠를 내리는 한편 내시인 참관參官 박을생朴乙生에게 명하여 송림사松林寺에 사리를 봉안하도록 하였으니, 그것은 이 절을 이공이 중수重修하여 낙성落成 법회를 열었기 때문이었다.

나라 안의 단월檀越들이 귀천과 지우智愚를 막론하고 파도처럼 몰려와 사리에 기도하고 나누어 가졌으니, 이공은 3매를 가졌고 영창군永昌君 유瑈는 3매를 가졌고 윤시중尹侍中은 15매를 가졌으며 회성군檜城君 황상黃裳의 부인 조씨趙氏는 30여 매를 가졌고 천마산天磨山의 여러 납자衲子들은 3매를 가졌으며 성거산聖居山 여러 납자들은 4매를 갖고 황회성黃檜城의 부모가 1매를 가졌다. 이때 월송은 마침 밖에 나가 있었기에 단월들이 몰려와 사리를 구걸하고 떠난 것을 전혀 알지 못했다.

다음해 6월 19일에 이공이 신 이색李穡을 찾아와서 말하였다. "과거 강남江南의 감옥에 있었을 때 모진 고초를 당하면서, 살아서 돌아가고자 하는 바람으로 우리나라의 명산을 친히 예배하고 다녔는데, 그때 통도사도 실로 나의 눈에 들어 있었습니다. 돌아오고 나서 현릉玄陵께서 특별히 향을 내려서서 제가 직접 각처를 찾아다니며 예배를 행하였습니다. 통도사에 이르러 사리를 구해서 6매를 얻었으니 내가 사리에 인연이 없다고 한다면 얻을 수 없었을 것입니다. 사리가 통도사에 있게 된 것은 신라 선덕대왕善德大王 때부터인데, 우리 고려국에 들어와서도 오백 년이 되어 가는 지금까지 사리가 송경松京에 이른 적은 한 번도 없었습니다. 주상 전하께서 새로 임어臨御하신 초기, 신하들의 관직이 정비된 이때에 월송 스님이 사리를 받들고 이르렀으니, 이 일은 분명 우연이 아닙니다. 제가 임금께 아뢰었더니 임금께서 말씀하시기를 '예문藝文 신하 이색에게 글을 쓰게 하여라'라고 하셨기에 제가 이렇게 왔습니다." 그래서 신 이색은 월송 스님에게 그 일을 확인하고 나서 이공의 말에 따라 글을 쓰고 그 제목을 〈통도사석가여래사리지기通度寺釋迦如來舍利之記〉라고 하였다.

사리는 불교에서 최고의 신성한 성물이다. 이 때문에 사리가 모셔진 보궁에는 새가 앉지 못하고, 그 위를 날아서 가로지르지 못하는 등 다양한 이적이 발생하게 된다. 사리에서 성스럽고 강력한 에너지가 하늘로 솟구쳐 올라 동물들도 감히 범접하지 못한다는 의미이다. 대웅전 금강계단에는 〈불탑게〉라 하여 주련에 다음과 같은 내용의 게송이 적혀 있다.

쿠시나가르에서 열반에 든 것이 몇 해이던가.
문수보살이 성보를 모시고서 때를 기다렸다네.
부처님의 진신사리가 이제 여기 있으니,
널리 모든 중생으로 하여금 예배함을 쉬지 않게 하는구나.

금강계단의 모습은
위에서 보면 장방형의 구조이고
중앙에는 석종형 탑이 있다.
탑의 외부에는 비천상 등이
세밀하게 조각되어 있고
하단에는 앙련과 복련이
화려하게 장엄된
대좌가 받치고 있다.

"사실 통도사에는 두 곳에 부처님 진신사리가 모셔져 있다."

일반적으로 통도사에는 금강계단 한 곳에 부처님의 진신사리가 모셔져 있다고 알려져 있다. 그러나 사실 통도사에는 두 곳에 진신사리가 모셔져 있다. 다른 한 곳은 바로 청류동(통도천) 옆 사자목에 있는 오층석탑이다. 이 석탑은 무너져 방치되다가 1991년 월하 스님이 새로 복원했다.

이때 황룡사구층목탑에서 출토된 진신사리를 봉안했다. 여기에는 당시 동국대학교 총장을 역임한 황수영 박사의 역할이 주효했는데, 그는 황룡사구층목탑의 사리를 통도사에 모시는 것에 대해 "황룡사탑, 통도사탑, 태화사탑 등세 탑의 사리는 모두 (자장 스님이 봉안한) 동일한 부처님 진신사리이므로 양도해도 무방하다."고 고증했다. 실제로 자장 스님은 당나라에서 귀국 후 문수보살로부터 받은 사리 중 일부를 황룡사구층목탑의 주심초석과 상륜부에 봉안했으며, 일부는 통도사에 사리를 봉안하여 금강계단을 건립했으므로 이 두 곳의 사리는 동일한 것이다.

즉 통도사에는 금강계단을 비롯해 오층석탑에도 부처님의 진신사리를 모시고 있다. 그 과정에 대한 기록은 <통도사 오층석탑 복원기>에 명문화되어 있다.

사자목에 자리한 오층석탑은
월하 스님의 교시에 따라
흩어져 있던 부재들을 모아
복원한 석탑이다.
1층 탑신석은 발굴된 부재로
원형 그대로 복원하였고
결실되었던 4, 5층 옥개석과
탑신석은 새로 제작하였다.

통도사 오층석탑 복원기 (1992년)

영축산 통도사는 신라 선덕여왕 15년(646) 자장율사에 의하여 개창되었다. 일찍이 율사는 중국 오대산 문수보살로부터 감득한 불사리를 모시고 귀국 후 이를 삼분하여 경주 황룡사탑과 울산 태화사탑에 봉안하였으며 나머지는 친착가사와 함께 통도사 계단에 봉안하였다. 그러나 황룡·태화 양사는 폐허가 되었고 오로지 통도사만이 법등을 이어 오고 있다. 이로써 통도사는 국지대찰 불지종가로서 국내 삼보사찰 가운데 그 수위首位에 속하는 불보종찰이 되었으니 이는 오로지 자장율사의 불사리 봉안의 공덕이라 하겠다.

이 같은 통도사에는 북쪽 비로암의 계수溪水와 자장동천의 물이 서로 만나 절 앞에서 아름다운 계류를 이루더니 다시 남쪽에서 흘러드는 냇물과 합수合水 되는 사자목의 높은 언덕 위에 예부터 석탑 유허遺墟지가 있었다. 이곳은 영축산의 주봉이 오른쪽으로 흘러 서남쪽의 준령을 휘감아 우백호를 형성하여 절 앞에서 끝나는 명지明地이다. 이와 상대되는 좌청룡의 지맥 역시 영축 주봉에서 좌측으로 높고 낮은 봉우리들이 그림처럼 펼쳐져 산문 어귀에서 여의주봉을 형성하였고 절 앞 동구에 선재(선자)바위가 솟아 수구水口를 막는 등 좌우봉이 절묘하게 조화를 이룬 비룡농주형이다. 이같이 좌우 승지勝地가 상대相對한 사자목獅子目의 높은 언덕 사역 전체가 조망되는 이곳의 석탑은 그 유래가 자세하지 않으나 노출된 기단부의 사리공과 옥개석 등으로 보아 나

말여초羅末麗初의 귀중한 석탑으로 추정되었다.

따라서 역대의 주지가 그 복원을 뜻하였으나 이루지 못하다가 영축총림 방장 월하 큰스님의 교시에 따라 현 주지 태응화상과 사내 대중이 발원하고 단월이 동참하여 1991년 1월부터 12월에 걸쳐 현상과 같이 복원되더니 금년 개산조 대재일을 맞이하여 회향하기에 이르렀다. 석탑은 원형 복원을 원칙으로 하여 결실된 사·오층 옥개석 및 탑신석을 보충하였고 특히 일층 탑신석은 발굴된 부재에 따라 감실龕室을 지닌 석탑으로 복원되었다. 일층 탑신 내부에는 석함을 마련하여 무구정광대다라니경의 법식에 따라 금강소탑 구십구 기와 다라니를 봉안하였다. 또한 본래의 사리공 내에는 경주 황룡사 목탑심초사리공에서 출현한 불사리 이과二顆를 국립중앙박물관으로부터 구득求得 봉안하였다.

이는 자장율사께서 최초로 불사리를 봉안한 근본삼사의 인연에 따른 것이기도 하지만 전 동국대 총장 황수영 박사의 노고와 함께 사부대중의 기도발원으로 미증유의 공덕을 성취한 결과라 하겠다. 이로써 그 옛날 자장성사의 유지를 오늘에 받들어 통도사의 기상을 드높이게 되었으니 원컨대 불탑의 공덕은 만대에 빛나고 불사리의 위신력은 시방세계에 두루하여 화택의 중생들을 제도하여지이다.

불기 2536년(1992) 10월 동국대학교 교수 철학박사 장충식은 짓고

월정月汀 정주상이 쓰다.

계율과 지계정신

계단戒壇은 수계의식을 행하는 장소를 이른다. 통도사의 금강계단은 자장 스님이 수계를 목적으로 조성하였으며, 이는 통도사의 건립 목적이기도 하다. 자장 스님은 청정한 계율정신을 통해 청정 승단을 이루고 중생 제도의 목적을 달성하고자 하였다. 특히 부처님의 진신사리를 모신 사리탑을 중심으로 계단을 형성하고 있으므로, 이곳에서 계를 받는 것은 석가세존의 증명으로 수계를 한다는 의미를 지닌다. 통도사 금강계단은 사리함을 모신 탑을 중앙에 높게 안치하고 바깥으로 방형으로 넓은 공간을 만들어 수계의식을 하도록 했다. 그러므로 일반 사리탑은 사찰의 중심에 있지만, 계단은 사찰 한 곁에 높게 단을 쌓아 따로 마련했다. 금강계단의 금강이라는 말은 금강석金剛石, 곧 다이아몬드를 의미한다. 어떤 물건도 금강석을 깨뜨릴 수 없지만 금강석은 모든 것을 깨뜨릴 수 있다. 그래서 불교경전에서는 이러한 금강석의 강인한 특징을 반야般若의 지혜를 표현하는 비유로 써 왔다.

자장 스님은 신라 명문가의 자제로 태어나 출중한 능력을 지녔으나 입신양명의 길을 따르지 않고 출가하여 도를 닦았다. 그때 왕이 칙사를 보내어 조정으로 불러 관직을 내리려 했으나, 스님은 "내 차라리 하루를 계를 지키다가 죽을지언정 파계하고 오래 살기를 바라지 않소. 그대 뜻대로 죽이시오."라며 이를 거절했다. 이 말에 감동받은 왕은 스님의 덕을 칭송했다. 이 유명한 일화에서 알 수 있듯이 자장 스님은 철저하게 계율을 지키고, 계단을 건립함으로써 모든 스님과 백성들이 지계정신을 갖추도록 발원했다. 석가모니부처님이 증명하는 자리에서 '계'를 받도록 하는 것이다.

자장 스님이 모셔 온 진신사리, 불신佛身이 통도사에 안치됨으로써 통도사는 계율의 근본도량이 되었다. 부처님의 가르침에 귀의함에 있어 첫째 요건은 계율을 수지하는 데 있다. 그래서 승속을 막론하고 불문에 들어서기 위해서 비구는 250가지 계율인 구족계를 받아야 하고 재가신도는 오계를 받아야 참다운 불자로서의 일보를 걷게 되는 것이다. 비단 출가자뿐만 아니라 불자들의 일상생활에서도 항상 계율을 지키는 자세가 기본적으로 정립되어야 한다. 그래서 스님은 스님대로 청정한 모습으로 사회의 귀감이 되어야 하고 재가신도는 그 나름대로 철저한 윤리의식 속에 이 사회를 정토로 일구어 나가야 한다. 그리고 그러한 계율이 단순한 금계禁戒에 머무르지 않고 모든 중생들에게 이익을 주겠다는 보살계로 확산될 때 대승불교의 참된 이상理想이 이 땅에 펼쳐진다. 이것이 바로 신라의 대국통 자장 스님께서 이 땅에 금강계단을 설치한 참된 의미이다. 그래서 통도사 금강계단에서 계를 받는 일은, 부처님에게 직접 계를 받는 것과 동일한 의미를 지니므로 통도사의 금강계단은 오늘날까지도 정통을 잇는 수계의 장소로 인식되고 있다.

● **금강계단** (국보 제290호)

부처님의 진신사리를 봉안한 금강계단은 통도사 창건의 근본이 되는 건축으로 1997년 대웅전과 함께 국보 제290호로 지정되어 있다. 역사상 최초의 계단은 석가모니부처님 당시 누지보살이 계단을 쌓고 비구들의 수계의식을 집행할 것을 청하자 부처님께서 허락하여 기원정사의 동남쪽에 단을 세우게 한 것에서 시작되었다.

통도사 금강계단은 646년 자장율사에 의해 건립되었다. 636년 당나라로 떠난 자장율사는 중국 계율종의 본산인 종남산과 문수보살의 주처인 오대산五臺山에 머물렀다. 『삼국유사』에는 오대산에서 문수보살의 현신을 만나 석가모니부처님의 진신사리와 가사 등을 받은 자장율사가 643년 선덕여왕의 요청으로 귀국하였고, 당시 모셔 온 불사리 일부와 가사 한 벌을 통도사 계단에 봉안하였다는 기록이 있다. 창건 이후 통도사 계단에는 그 안에 안치된 사리를 친견하고자 열망하는 많은 사람들의 참배가 이어졌으며, 이러한 사실은 사리의 영험담과 함께 많은 기록을 남기고 있다. 특히 고려시대에 이르러 왕실과 외국 사신들이 여러 차례에 걸쳐 사리를 친견하는 등 참배객이 끊이지 않는 성지로 이어져 왔다.

통도사 금강계단은 창건 이후 여러 차례에 걸쳐 중수되었기 때문에 창건 당시의 정확한 원형을 알 수 없다. 다만 『삼국유사』 「전후소장사리」의 "통도사 계단에는 두 층이 있는데 위층 중앙에 돌뚜껑을 덮어서 마치 가마솥을 엎어 놓은 것과 같다."라는 기록을 통해 그 형태가 현재의 모습과 크게 다르지 않았음을 알 수 있다. 『통도사지』에 따르면 금강계단은 1603년 사명대사가 경잠 스님에게 명하여 금강계단을 수리하고 사리를 봉안하도록 했다는 기록이 있다. 이어서 1652년에도 수리했으며, 이후에는 1704년에서 1705년에 걸친 금강계단 중수 기록이 보인다. 이 가운데 〈강희을유중수기〉에는 다음과 같이 계단의 모습을 구체적으로 기술하여 당시 금강계단의 형태를 살펴볼 수 있다.

"···계단의 둘레 네 면은 모두 40척이다. 그 가운데 석함을 배치하고 석함 내부에 석상石床을 안치하였으며, 석상 위에 3종의 내외함을 차례로 봉안하였다. 한 함에는 3색의 사리 4매가 봉안되었는데, 제3 소매는 송운대사가 친봉했던 2매 중 하나이다. 한 함에는 2촌† 정도 되는 불아 1매가 안치되어 있으며, 한 함에는 길이와 너비가 3촌 혹은 2촌가량 되는 정골지절 수십 편이 봉안되어 있다. 그 내부에는 비라금점가사와 패엽경문을 두었으며, 색은 변하여 잿빛이다. 또 덮개돌이 엎어진 네 면의 위아래는 3급으로 칠성분좌하고 사방 네 모서리에는 팔부가 열 지어 서 있다. 상방의 연화석 위에는 석종을 으뜸으로 하였다.···"

『삼국유사』「전후소장사리」

"정관貞觀 17년에 자장법사가 삼장三藏 400여 함을 싣고 와서 통도사에 안치하였다." 라는 기록이 있다.

금강계단 중앙에 위치한 석종형 탑은 앙련과 복련을 갖춘 이중대좌 위에 놓여 있다. 석종형 탑의 형태에 대해『삼국유사』에는 '엎어 놓은 솥 같은 돌뚜껑'이라고 묘사했으며, 이색의『목은집』에는 '복종', 그리고 1881년에 간행된 이헌영의『일사집략』에는 '석종탑'이라고 기록하였다. 탑신의 표면에는 향로와 위패, 비천상 2구를 조각하고, 상륜은 앙련 위에 보주형의 꽃봉오리를 두었다. 조성 시기는 기단부에 장식된 연화문과 탑신에 새겨진 조각의 양식을 근거로 고려시대로 보는 의견도 있다. 그러나 〈통도사사리탑비〉의 내용 중에는 "···돌아보니 지금 석종이 갈라지고 석단에 틈이 생겨···"라는 1704년 성능대사의 언급이 보인다. 이러한 기록을 신뢰한다면 현재의 석종형 탑은 1705년 중수 때 다시 조성했을 가능성이 높다.

"당태종이 존경한 자장 스님"

당나라의 명서『속고승전』으로 본 자장 스님의 위상

우리나라 역사는 여전히 사대주의적 관점에서 기록된 부분이 많다. 자장 스님께서 '입당구법入唐求法'하였다는 얘기가 대표적이다. 다시 말해 법을 구하기 위해 당나라로 유학을 갔다는 말이다. 하지만 이는 사대주의적 관점에서 서술된 이야기로서 실제는 당태종이 자장 스님의 법문을 청해 듣고자 황실로 모셨다는 주장이 설득력 있다.

당나라에서는 자장 스님을 매우 높이 평가했는데, 당나라 초기에 남산율종조인 도선 스님(596~667)이 펴낸『속고승전』에는 자장 스님에 관해 상세하게 기록되어 있다. 특히 도선 스님은 자장 스님을 '자장보살'이라 칭하며 극존대하는 입장에서 서술하고 있다. 이 문헌은 육조시대와 당나라 초기의 중국 불교사를 아는 데는 가장 확실한 사료로서, 그의 수많은 저술 중에서 특히 뛰어나 모든 대장경에 수록되어 있다.

그는 항상 근심을 품고 중생들을 사랑하고 불쌍히 여기며 어떤 방편을 써야 중생을 생사에서 구원하겠는가를 생각하였는데, 그러던 어느 날 마침내 잠에 들었을 때 두

장부가 나타나 말하였다.

"그대는 깊은 산속에 숨어서 어떤 이득을 얻자고 하는가?"

자장이 말하였다.

"오직 중생에게 이익 줄 것만을 생각한다."

그러자 그들은 자장에게 5계戒를 주고 나서 말하였다.

"이 5계를 가지고 중생에게 이익을 줄 수 있을 것이다."

또 자장에게 말하였다.

"우리는 도리천에서 왔으며 짐짓 그대에게 계를 주려고 내려왔다."

이렇게 말하고는 공중으로 날아올라 없어졌다.

그때부터 그는 산에서 나와 한 달 동안 나라 안의 모든 남녀노소에게 5계를 주었다. 그 후 그는 다시 '태어나서 변두리 땅에 있으니 이곳에 불법이 아직 홍법되지 않아 눈으로 경험하지 않고서는 승봉할 길이 없다.'고 깊이 생각한 뒤에 곧 본국의 왕에게 이 뜻을 아뢰고 서쪽으로 가서 큰 교화를 보고 오겠다고 하였다. 그리하여 정관 12년 문인인 승려 실 등 10여 명을 거느리고 동쪽 나라를 떠나 당나라의 서울에 이르 렀다. 그곳에서 그는 황제의 위로와 보처펌을 받고 승광사의 별원에 거처하면서 후 한 예의와 남다른 공양을 받았다. 이때 이곳에 사람들이 많이 모여들고 수많은 재물 이 쌓이게 되자 곧 밖으로부터 도적들이 들어왔다. 그런데 도적들이 도적질한 것을 가지고 나가다가 마음이 불안하고 두려워서 다시 돌아와 자장에게 자기 죄를 고백 하였다. 이리하여 그는 곧 그들에게 계를 주었다. 또한 날 때부터 앞을 보지 못하는 어떤 소경은 자장을 찾아가 참회하고 돌아간 후 눈을 뜰 수가 있었다. 이런 상서로운 일들로 인하여 그에게서 계를 받는 사람이 하루에도 천 명에 이르렀다.

『속고승전』 권 제24 「당나라 신라국 대승통 석자장전」 중 일부

대응전의 북쪽,
사리탑을 향하는 방향에는
적멸보궁 편액이 걸려 있다.

한 권으로 읽는 통도사

대웅전의 편액은
왜 여러 개일까?

통도사 대웅전大雄殿은 상로전의 중심 건물로 금강계단과 함께 1997년 국보 제290호로 지정되었다. 신라시대에 자장율사에 의해 초창된 이후 여러 차례에 걸쳐 중건과 중수를 거듭했을 것으로 추정되지만 현재의 모습은 임진왜란으로 인해 소실된 것을 조선 인조대에 우운대사가 중건한 것이다. 임진왜란 이전의 통도사 대웅전과 관련된 자료는 통도사성보박물관에 소장된 '정통원년명 풍탁'이 유일하다. 이 풍탁의 표면에는 "정통원년병진유월일 사리전풍탁조 화주 □□ 시주이영공송문"이라는 명문이 새겨져 있어, 풍탁이 1436년에 지금의 대웅전인 사리전의 풍탁으로 제작되었음을 알 수 있다. 이 내용을 통해 임진왜란 이전 통도사 대웅전은 지금과 달리 사리전이라 불렸음을 짐작할 수 있다.

조선시대 통도사 건축과 관련된 자료를 종합해 보면 현재의 대웅전의 명칭은 임진왜란 이전 '사리전'으로 불리다가 1645년에 중건되면서 '사리각' 또는 '대법당'으로 이름이 바뀌었다. 이 시기에는 대웅전이라는 명칭이 현 영산전의 다른 이름으로 사용되었다. 이러한 사실은 18세기에서 19세기 초에 조성된 영산전 소재 불화의 화기에 봉안처를 대웅전이라고 기록한 것을 통해서 분명하게 알 수 있다. 통도사 전래 기록과 여러 유물에서 보이는 단서를 종합해 볼 때, 현재의 대웅전에 지금과 같이 대웅전이라는 이름이 정착된 시기는 19세기 말경으로 파악된다.

현재의 대웅전은 건물의 네 면에 동쪽 대웅전, 남쪽 금강계단, 서쪽 대방광전, 북쪽 적멸보궁이라는 편액이 걸려 있다. 이와 같이 건물의 네 면에 편액을 거는 사례는 극히 드물다. 또한 그 어느 방향으로 보아도 정면처럼 보인다. 통도사 대웅전이 독특한 형식을 취하게 된 것은 자연 지형의 제한으로 인해 동서 방향을 축으로 확장·전개된 통도사의 가람배치 및 진입 방향과 관계된 것으로 해석한다. 대웅전은 금강계단의 전면에 배치된 불전이기 때문에 방향을 엄격히 따지면 정면은 남향한 건물이다. 이에 비해 사찰의 진입 방향은 동쪽이기 때문에 만약에 통도사 대웅전이 일반적인 불전 형식으로 건립되었다면 참배객들은 대웅전의 정면이 아니라 동쪽 측면을 마주하며 진입하는 결과를 초래한다. 대웅전을 출입할 때 측면으로 들어선다면, 사찰의 핵심 불전이 갖춰야 할 중심성을 상실하게 된다. 따라서 통도사 대웅전은 정면과 측면의 구별을 배제한 '丁'자형 지붕을 취하게 되고, 이것은 자연 지형의 한계를 극복하기 위해 창안된 형식으로 판단된다. 이렇게 완성된 통도사 대웅전은 동서 축으로 확대된 가람배치로 인해 남향한 주불전이 전가된 이질성을 제거하고 사찰의 핵심 불전이 갖춰야 할 중심성을 유지하게 되었다.

대웅전 건축은 정면 3칸, 측면 5칸의 단층 건물로, 마치 두 개의 건물을 결합한 듯하다. 통도사 대웅전 공포의 형식과 양식은 조선 중기 불전 건축의 특징을 잘 보여 준다. '丁'자형의 독특한 지붕에는 북쪽을 제외한 세 면에 합각이 하나씩 설치되며, '丁'자의 용마루가 맞닿은 위치에 청동

대웅전의 동쪽.
독특한 지붕 형태를 보여 준다.
동쪽, 남쪽, 서쪽에서 바라봤을 때
합각된 지붕을 볼 수 있다.
또 막새기와(끝막음 기와)에는
백자연봉이 설치되어 있어
기와가 흘러내리지 않도록 하는 기능적 효과와
불전을 장엄하는 심미적 효과를 낸다.

보주를 장식하였다. 기와는 일반 기와와 더불어 일부 청동암막새와 철기와가 혼용되었다. 이처럼 청동기와와 철제기와가 사용된 지붕은 현존하는 국내 건축물 가운데 유일한 사례이다. 막새기와 위에는 백자연봉이 설치되어 있다. 백자연봉은 불전에 장엄미를 더하고, 기와가 흘러내리지 않도록 고정시킨 방초정의 광두가 부식되는 것을 방지하는 효과가 있다.

그리고 건물의 기단 네 모서리에 활주를 배치하여 추녀를 받치고 있는데, 활주의 끝에는 연화문을 새겼고 단면은 팔각형이다. 내부의 천정天井은 우물천장으로 높낮이가 다른 단을 두어 중앙을 가장 높게 처리하였다. 장귀틀과 동귀틀 및 소란반자小欄盤子에는 연화문, 국화문, 모란문 등으로 화려하게 장식했다. 내부 바닥은 현재 우물마루가 깔려 있다. 기단은 지대석 위에 탱주가 모각된 면석面石과 갑석甲石으로 구성된 가구식 기단이다. 동쪽과 남쪽의 면석 및 계단 소맷돌에 새겨진 독특한 화문花紋을 근거로 대웅전 기단을 신라시대 원형이 남아 있는 것으로 보는 견해도 있다.

통도사 대웅전 벽면의 가장 두드러진 특징은 서측의 금강계단 쪽 2칸에만 토벽을 두고 나머지 모든 벽에는 창호를 설치했다는 점이다. 북측면 어칸의 창방과 중방 사이에는 창문을 마련하여 건물 내부에서 금강계단이 보이도록 하였다. 이처럼 대부분의 벽체를 창호로 처리한 것은 원활한 통풍과 채광을 의도한 설계로 의식과 예배 중심 공간인 통도사 대웅전의 기능적 특징이 반영된 것이다.

자세히
보아야
보인다

"대웅전 사방 편액의 의미"

동쪽 대웅전大雄殿

대웅大雄은 큰 영웅을 뜻하는데 불교에서 가장 큰 영웅인 석가모니부처님을 모신 전각이라는 뜻이다. 일반적으로 사찰에서 가장 크고 중요한 불전을 이르는 말이다.

서쪽 대방광전大方廣殿

대방광은 부처님의 진리를 표현하는 말이다. 대방광전은 진리요, 우주의 본체인 법신불이 상주하는 도량이라는 뜻이다.

남쪽 금강계단金剛戒壇

금강은 절대 깨지지 않는 것을 의미하고 계단은 수계를 받는 단을 말한다. 금강계단은 금강과도 같이 계율을 지킨다는 뜻으로 통도사가 계율도량임을 밝히고 있다.

북쪽 적멸보궁寂滅寶宮

적멸은 석가모니부처님이 설법을 펼친 보리수 아래의 적멸도량을 뜻한다. 불멸 후 부처님의 진신사리를 봉안하고 있는 절, 탑, 암자를 의미한다.

통도사의 가람배치

통도사는 휠체어나 유모차가 다니기 좋은 지형으로 곳곳에 약자들을 배려한 구조물이 있어 가족 단위의 참배객들이 많다. 평지의 사찰이 가진 이점이 크다. 많은 이들이 통도사를 편안한 도량으로 여기는 까닭도 여기에 있다. 도량 옆으로는 통도천이 흐르고 있고, 산문을 지나 총림문, 일주문, 천왕문, 불이문을 지나기까지 완만한 길이 이어진다. 산책길로 더할 나위 없이 좋은 동선이다. 하지만 참배를 목적으로 한다면 약간의 의문이 든다. 일반적으로 여러 문을 거쳐 중심 법당으로 가면, 도착했을 때 대웅전의 정면과 마주한다. 하지만 통도사는 도착지인 중심 법당에 이르면 우리는 정면이 아닌 측면을 마주한다. 이처럼 독특한 가람배치는 통도사의 긴 역사 동안 가람이 꾸준히 확장되며 만들어 낸 결과물이다.

통도사는 창건 이후 오늘에 이르기까지 내외적 요인으로 인해 많은 변화를 겪었지만 역사가 단절되지 않고 사세를 유지해 온 국내 최고의 사찰이다. 신라와 고려시대를 거치며 왕실과 대중의 비호 속에 한국불교의 계율근본도량으로 자리 잡았으며, 조선시대의 억불과 임진왜란의 전화를 극복하며 사세를 이어 왔다.

오늘날 통도사에 남아 있는 수많은 건물들은 창건 이후 1,400년 가까운 세월이 흐르는 동안 끊임없이 건립되고, 중수되고, 이전된 결과이다. 통도사는 역대 우리나라 불교 건축이 창출한 모든 상징과 공간활용 기법들이 응집되어 있어 한국 사찰 건축의 척도로 평가되고 있다. 수많은 불전을 보유한 통도사의 건축에 대해 통도사에 없는 전각은 국내 어느 사찰에도 없다는 이야기가 통용된다.

통도사의 불전 배치를 공중에서 내려다보면 수많은 건물들이 복잡하게 얽혀 있어 과연 어떤 전각을 중심으로 전체가 형성되고 있는지 감지하기가 쉽지 않다. 그러나 일주문을 시작으로 천왕문, 불이문, 대웅전으로 이어지는 중심축의 변화 과정을 살펴보면 복잡하게 전개된 건물들 속에서도 대웅전의 중심성이 흐트러지지 않고 있음을 확인할 수 있다.

먼저 일주문에서 이어지는 중심축은 천왕문과 곧바로 통하도록 되어 있다. 그리고 천왕문은 하로전의 다른 전각들과 축을 달리하여 불이문을 향하는데, 천왕문에서 불이문으로 이어지는 시계의 변화는 대웅전을 중심으로 진행된다. 즉 천왕문에서 불이문을 바라봤을 때 문틀을 통해 기단의 계단만을 드러내던 대웅전이 불이문을 향해 진입해 들어갈수록 기단에서 기둥 - 공포 - 처마 - 지붕으로 상승해 가다가 불이문의 계단 앞에 이르면 마치 액자의 틀과도 같이 불이문의 문틀 안에 꽉 차게 전체 모습이 시야에 들어온다. 이는 곧 불이문의 두 기둥을 화폭으로 가정할 때 대웅전의 전체도가 화폭에 꽉 차도록 설계되었음을 의미한다. 물론 현재 관음전 건물이 대웅전을 일부 가리고 있지만, 이러한 현상은 제한된 공간 안에서 전각이 증가하면서 발생한 불가피한 부지 선정의 결과에서 비롯된 것으로 짐작된다.

천왕문을 지나 하로전에 진입하면
좌측에 범종각이 있고
우측에는 영산전을 중심으로
좌우에 약사전과 극락보전이 있다.
(가람각에서 바라본 모습)

한 권으로 읽는 통도사

통도사의 가람은 상로전, 중로전, 하로전으로 구분할 수 있다. 향을 올리는 곳, 즉 노전이 세 곳으로 구분되어 있다는 것은 각각의 중심 전각이 별도로 구성되어 있어 독립성을 갖추고 있음을 의미한다. 통도사는 과거 노전별로 사찰의 살림이 운영되었다는 기록이 있어, 각 노전이 개별 운영될 수 있을 정도로 상당한 규모를 가지고 있었음을 알 수 있다.

우선 가장 지위가 높은 상로전에는 통도사의 상징인 부처님의 진신사리를 봉안한 금강계단이 자리하고 있다. 대웅전의 정면에는 대중법회와 행사를 여는 대형 건축물인 설법전이 있다. 좌우로는 명부전과 응진전을 배치하였다. 응진전의 남쪽에는 노전인 일로향각一爐香閣이 있고, 서쪽으로는 삼성각과 산령각이 배치된 작은 공간이 나오며, 그 가운데 구룡지九龍池가 있다. 상로전의 가장 서쪽은 일반인들이 들어갈 수 없는 곳이다. 이곳에는 주지 스님의 처소인 보광전과 부속건물 그리고 그 뒤로 방장 스님의 거처인 정변전이 자리하고 있다.

중로전의 중심 전각은 대광명전이다. 영산전과 함께 통도사의 초창 건물로 추정되며, 대광명전 앞에는 용화전, 용화전 앞에는 관음전이 있다. 대광명전은 비로자나부처님을 모시고 있고 용화전에는 미륵부처님, 관음전에는 관세음보살님이 모셔져 있다. 대광명전은 대웅전에 버금가는 수려한 건축기법을 볼 수 있어서 조성 당시 굉장히 공을 들여 지은 전각임을 알 수 있다. 불이문에서 보면 관음전은 중로전 구역에서 불쑥 튀어나온 듯하다. 관음전 뒤로는 개산조당·세존비각·해장보각·용화전·전향각이 남향하여 배치되어 있고 장경각은 동향하고 있다. 또 맨 뒤에는 대광명전이 위치해 있다. 그리고 용화전 앞에는 장차 용화수 아래서 성불하여 중생을 제도하게 될 미륵불의 출현을 기다린다는 의미로 세운 봉발탑이 독특하게 자리하고 있다. 또한 학인 스님들이 경전을 수학하는 강원 건물인 황화각과 3동의 요사가 있고, 황화각 뒤로 통도사 역대 고승들의 진영을 봉안한 영각이 있다. 그리고 관음전 앞으로 스님들의 수행공간인 감로당과 원통방이 배치되어 있으며, 이 두 건물 지하에 대중들이 식사를 할 수 있는 공양간이 있다. 이 외에도 작은 객실과 원주실, 후원 등이 있다.

하로전의 중심 법당인 영산전은 통도사 창건 당시의 초창 건물로 추정된다. 영산전은 석가모니부처님을 주불로 모시고 있으며, 약사전에는 약사여래부처님, 극락보전에는 아미타부처님이 모셔져 있다. 영산전은 원래 이름이 대웅전으로 불리기도 했을 정도로 통도사에서는 중요한 입지를 지닌 전각이다. 또 하로전의 입구이자 도량의 초입인 천왕문 옆에는 통도사 도량을 수호하는 가람신을 모신 가람각이 자리한다. 가람각 전면에는 아침저녁 예불의식에 사용되는 사물(범종, 법고, 목어, 운판)을 걸어 둔 2층의 범종각과 연이어 만세루가 자리해 있다. 범종각의 오른편에는 서향으로 돌아앉은 극락보전과 이를 마주 보고 있는 약사전이 있으며, 그 사이에 남향한 영산전이 있다. 영산전 앞에는 통일신라 말기에 세워진 삼층석탑이 있으며, 이 외에 영산전 뒤로 응향각과 명월료, 금당·은당 등의 요사가 위치하고 있다.

부처님을 기다리는 '봉발탑'

탑이라 하면 흔히 여러 개의 지붕이 층층이 쌓인 모습을 떠올린다. 통도사 용화전 앞의 탑은 이런 일반적인 모양과는 다르다. 기둥 위에 무심히 밥그릇 하나가 툭 올려져 있는 모습이다. 이름하여 '석조봉발탑'이다. 예술적으로는 특별할 것이 없어 보이지만 이 봉발탑이 상징하는 바를 들여다보면 불교의 '미륵신앙'에 대해 알 수 있다.

부처님의 발우를 형상화하고 있는 봉발탑은, 석등과 같은 몸통에 뚜껑이 있는 석조 발우를 얹어놓은 모양이다. 고려시대에 건립된 것으로 추정되며 현재 보물 제471호로 지정되어 있다.

석가모니부처님이 지녔던 발우를 가섭존자가 이어 받아 미륵불이 출세할 때 전한다는 예언이 있다. 그래서 통도사 봉발탑은 그 미륵신앙에 따라 미래의 부처님을 상징하는 '미륵불'이 모셔진 용화전 앞에 세워진 것이다. 또 미래의 부처님을 위해 공양 올린다는 의미로 봉발탑을 세웠다는 이야기도 전해진다. 어찌되었든, 고려시대부터 지금까지 용화전의 부처님을 위해 늘 발우를 마련해 두었다는 점은 변하지 않는다.

조금 특별한 돌기둥처럼 여겨지다가도, 부처님께 전하는 발우라는 의미를 알면 이 탑을 향해 합장하고 공경하는 마음이 생길 것이다.

참배 진입 동선

중로전

상로전

한 권으로 읽는 통도사

로전

통도사의 건축물이 늘어나면서
뒤에는 산이, 앞에는 하천이 있어
부득이 옆으로 확장할 수밖에 없었다.
확장 불사를 계획하고 일주문과 불이문을 먼저 세웠다.
대광명전을 중심으로 세 건물이 모두 남향하고 있어
그 진입체계가 남에서 북으로 이루어졌는데,
일주문·천왕문·불이문이 건립되면서
통도사 진입체계가 동에서 서로 향하는 구조로 바뀌게 되며,
그 이후 조성된 대부분의 전각들이 이러한 동서 축에 맞추어
방향성을 가지는 공간구성 형식으로 바뀌게 된다.

통도사의 전각

신성한 공간, 전각

　사찰의 건물을 아울러 전각殿閣이라고 표현한다. 그중에서도 전殿은 위계가 높은 건물을 이른다. 대표적인 예가 대웅전大雄殿과 영산전靈山殿, 관음전觀音殿 등이다. 이곳은 불보살님을 모시고 있는 곳이므로 신앙의 공간이 되고 아주 중요한 위치에 있다. 그래서 구조나 장엄이 다른 건물과는 확연히 다른 모습을 보인다. 앞서 언급했듯 대웅전은 부처님의 진신사리를 모신 곳으로 별도의 불상을 두고 있지 않으므로 제외하고 나머지 주요 전각과 불보살님을 살펴보고자 한다.

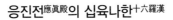

응진전應眞殿의 십육나한十六羅漢

　부처님을 항상 따르던 상수제자가 경전에 1,250인으로 기록되어 있는데 이들 가운데 중요한 위치에 있는 제자가 십육나한이다. 십육나한을 봉안한 법당을 나한전羅漢殿, 응진전應眞殿, 또는 십육성전十六聖殿이라고 하는데 모두 같은 의미이다. 부처님의 가장 대표적인 제자를 더 줄여서 말할 때는 십대제자를 들기도 하지만 나한전에 봉안되는 제자상은 십육나한

十六羅漢이 보편적이다. 나한은 부처님으로부터 고苦, 집集, 멸滅, 도道 사제의 법문法門을 듣고 진리를 깨친 분을 이른다. 진리에 응하여 남을 깨우친다는 뜻에서 '응진應眞'이라고 하기 때문에 나한을 모신 예배 공간을 응진전이라고 한다.

특히 십육나한은 석가모니부처님이 열반하신 이후 미륵부처님이 출현하기 전까지 열반에 들지 않고 불법을 수호하도록 하는 위임을 받았기 때문에 응진전 안에는 석가모니부처님을 중심으로 나한들이 옹호하고 있는 모습의 후불탱이 모셔져 있다. 그뿐만 아니라 내부에는 〈백호도〉, 외벽에는 〈교족정진도〉와 육조혜능의 의발이 그려져 있는데 이는 치열한 정진을 하는 수행자의 모습을 강조하며 아라한과를 얻는 구도행을 표현하고 있다.

명부전冥府殿의 지장보살地藏菩薩

　지장보살은 도리천忉利天에서 석가여래부처님의 부촉을 받고 매일 아침 선정에 들어 중생의 근기를 관찰하여 석가여래부처님이 입멸한 뒤부터 미륵불이 출현할 때까지 천상에서 지옥까지의 일체중생을 교화하는 대자대비한 보살이다. 다른 불보살의 원력과 다른 점으로, 첫째는 모든 중생들, 특히 악도惡道에 떨어져서 헤매는 중생과 지옥에서 고통을 받으며 괴로워하는 중생들 모두가 빠짐없이 성불하기 전에는 자신은 결코 성불하지 않을 것을 서원誓願함이요, 둘째는 누구든지 업보에 의해 결정된 괴로움은 피할 수 없는 것인데 지장보살에게 귀의하여 해탈을 구하면 정해진

업을 모두 소멸시켜 악도를 벗어나서 천상락을 누리고 열반의 길로 인도한다는 것이다. 신라시대 이후로 가장 일반적인 신앙으로 신봉되었고, 특히 죽은 사람을 위한 49재齋 때에는 절대적인 권능을 가지는 보살로 받들어지고 있다. 이러한 지장보살의 원력 때문에 우리나라에서는 일찍부터 지장보살신앙이 성행하여 대표적인 불교신앙 중의 하나로 유포되었다.

명부전 업경대

업경대에는
망자가 생전에
지은 업이 비추어진다.

대광명전大光明殿의 비로자나불毗盧遮那佛

불신佛身은 그 성질에 따라 세 모습으로 나눌 수 있다. 법신불法身佛·보신불報身佛·화신불化身佛이다. 법신불은 영겁토록 변치 아니하는 만유의 본체인 이불理佛, 보신불은 인因에 따라 나타나는 불신으로서 수행정진을 통해 얻어진 영원한 불성, 화신불은 일체중생을 제도하기 위해 불신으로 화현한 역사적 부처님이다. 대표적으로 법신불은 비로자나불, 보신불은 아미타불, 약사여래불, 노사나불을 말하며 화신불은 석가모니불이 해당된다. 대광명전에는 법신불인 비로자나불이 모셔져 있다.

『통도사약지通度寺略誌』에 따르면 대광명전은 통도사 창건 당시에 초창하였다고 전한다. 자장 스님이 당나라에서 돌아올 때 가지고 온 대장경 400함 가운데 화엄경 사상을 바탕으로 세워진 건물로도 이해할 수 있을 것 같다. 내부에는 『화엄경』의 주불主佛인 비로자나부처님을 모시고 있다. '비로자나'는 광명의 빛을 두루 비춘다는 '광명변조光明遍照'의 뜻을 지닌다.

용화전龍華殿의 미륵불彌勒佛

　석가모니부처님에게서 미래에 부처님이 될 것이라는 수기授記를 받아 앞으로 출현하실 분을 미륵불彌勒佛이라고 한다. 미륵불이 출현하는 시기는 석가모니부처님께서 열반하고 나서 56억 7천만 년이 지난 후이며, 이때까지 도솔천兜率天의 보살로 머물면서 중생을 교화하고 있다. 따라서 미륵부처님을 보살이라고도 하고 부처님이라 부르기도 한다. 그리고 미륵불이 하생下生하실 곳은 용화수龍華樹 아래이므로 미륵불을 모신 법당을 용화전龍華殿 또는 미륵전彌勒殿이라고 한다. 통도사 용화전에 모셔진 미륵불은 여타의 일반적인 불상과 다르게 하얀 호분칠이 되어 있다.

　　　　　　　한 권으로 읽는 통도사

관음전觀音殿의 관세음보살觀世音菩薩

관음전 내부 벽면에는 보타락가산에 계신 관세음보살에게 남순동자가 법을 묻는 장면이 그려져 있고 32응신을 상징하는 여러 모습의 관세음보살을 표현하였다. 관세음보살은 일반인들이 가장 잘 알고 있는 보살님 중 한 분이다. 관세음觀世音은 세상의 모든 소리를 살펴본다는 뜻으로 자비의 화신인 관세음보살에게 기도하면 모든 어려움으로부터 벗어나 자유를 얻을 수 있다는 믿음이 있다.

『법화경』「관세음보살보문품」에는 "선남자야, 만일 한량없는 백천만억 중생이 갖가지 괴로움을 당할 적에 관세음보살의 이름을 들고 한마음으로 그 이름을 부르면 관세음보살이 그 음성을 관하고 곧 해탈하게 하느니라."라고 관세음보살의 위신력에 대해 설하고 있다. 이렇듯 관세음보살은 시방 국토에 32응신을 나투어 중생을 구제하는 대자대비하고 원력이 바다와 같이 깊으신 보살이다. 관음신앙은 삼국시대부터 고려, 조선시대 및 현대에 이르기까지 널리 신봉하는 신앙으로 관음전은 불자들이 많이 찾는 전각 중 하나이다.

영산전靈山殿의 석가모니불釋迦牟尼佛

영산전의 영산靈山은 영축산靈鷲山을 뜻한다. 석가모니부처님께서 『법화경』을 설법하신 성지인 영축산을 표현한 것이 영산전이다. 대개 영산전에는 석가모니부처님의 생애를 묘사한 팔상성도를 봉안하는데 그래서 팔상전이라 부르기도 한다. 영산전의 본존불로는 석가모니불을 봉안하였고, 현존하는 팔상도 중 최고의 수작이라고 평가받는 석가모니부처님의 생애를 담은 팔상도와 대광명전 삼신탱을 조성한 임한의 영산회상도가 있었으나, 현재 두 불화의 원본은 통도사성보박물관으로 이전되었다. 팔상도는 조성 연대가 영조 51년(1775)으로 당시 불화佛畵의 화풍을 이해하는 데 매우 중요한 자료이다.

극락보전極樂寶殿의 아미타불阿彌陀佛

법당에는 서방정토 극락세계의 교주이신 아미타불과 좌우에 협시보 살로 관음, 세지 보살상을 봉안하였다. 극락세계를 관장하는 아미타불은 과거 인행 시 법장비구法藏比丘로서 48원을 성취하여 성불하였으며 극락 세계를 장엄하여 누구든지 일념으로 아미타불을 열 번만 부르면 극락세 계에 왕생케 한다는 일념왕생원一念往生願의 믿음을 지니는 부처님이다. 즉 아미타불은 한량없는 빛으로서의 '무량광無量光' 또는 한량없는 생명으로 서의 '무량수無量壽' 등으로 번역되므로, 경주 토함산 석굴암의 경우 '수광 전壽光殿'이란 현판을 갖게 되었다. 불교신앙의 종교적 이상국토를 관장하 는 부처님이 아미타불이며, 이를 상징하는 전각이 극락전極樂殿이며 무량 수전無量壽殿이라고 할 때도 있다.

약사전藥師殿의 약사여래불藥師如來佛

『약사경藥師經』에 의하면 약사여래는 과거 보살행을 닦을 때 중생의 질 병을 치료하고 고뇌를 제거한다는 내용을 담은 12가지 서원을 세워 부처 님이 되셨다. 따라서 약사여래는 현세 이익적 성격이 강한 부처님으로, 특히 질병의 고통에서 벗어나고자 하는 대중들의 간절한 바람 속에 널리 신앙되었다. '약사십이대원藥師十二大願'의 공덕으로 성불하여 중생의 병고 를 치료하므로 '대의왕불大醫王佛'이라고도 한다. 약사여래가 머물고 계신

곳은 청정하고 안락한 동방유리광세계라고 하며, 일광^{日光}보살과 월광^{月光}보살이 협시로 등장한다. 그리고 호법신장^{護法神將}으로는 12신장이 출현한다고 한다. 보통 약사여래가 불상이나 불화로 표현될 때는 왼손에 약합^{藥盒}을 지니는 것을 징표로 하며 약사전에 모셔진다. 통도사 약사전에 모셔진 약사여래불도 약합을 들고 있다.

산령각^{山靈閣}의 산신^{山神}

산령각^{山靈閣}과 삼성각^{三聖閣}은 가람배치상 상로전의 가장 위 모퉁이에 자리하고 있다. 우선 산령각은 이름처럼 산령(산신령, 산신)을 모신 곳으로 산신각이라고도 부른다. 일반적으로 산신^{山神}에 대하여는 오해가 적지 않다. 즉 산신이 원래는 불교와 관계가 없는 토속신이었으나 불교가 재래 신앙을 수용할 때 호법신중의 하나로 삼아 불교를 보호하는 수호신의 역할을 부여하였다는 것이다. 물론 이런 견해가 나름대로 충분한 설득력을 지니고는 있다. 그러나 불교에서 일컬어지는 산신에 대한 개념의 근거는 화엄법회에 동참했던 39위의 화엄신중 가운데 제33위에 엄연히 나타나 있다. 그러므로 산신을 불교와 관계가 없는 토착신앙만으로 보는 견해는 재고되어야 마땅할 것이다. 『석문의범』의 산신청^{山神請} '가영^{歌詠}'에 산신을 "옛날 옛적 영취산에서 부처님의 부촉을 받으시고, 강산을 위진하며 중생을 제도하고 푸른 하늘 청산에 사시며, 구름을 타고 학처럼 걸림 없이 날아다니시는 분[靈山昔日如來囑 威鎭江山度衆生 萬里白雲靑障裡 雲車鶴駕任閑情]"이라고 찬탄하고 있는 것으로도 불교와 관련이 있다는 것을 알 수 있다.

내부에는 산신령이 호랑이를 거느리고 근엄하게 앉아 있는 모습이 그려져 있다.

또 삼성각에는 보통 산신, 독성, 칠성을 모시는데, 통도사는 산령각에 산신을 모시고 있으며 삼성각에는 고려시대 이후 존중받는 3대 화상인 지공, 나옹, 무학대사의 진영을 봉안하고 있다. 중앙에 석조독성좌상과 독성탱화를 모셨고 오른쪽에는 삼성탱화, 왼쪽에는 칠성탱화를 봉안하여 복합적 기능으로 사용하고 있는 전각이다. 특히 삼성각에는 구하 스님이 쓰신 주련이 걸려 있는데, 그 내용이 삼성각의 의미를 잘 전하고 있다.

松巖隱跡經千劫송암은적경천겁　송암에 자취를 숨기고 천 겁을 지내고
生界潛形入四維생계잠형입사유　중생계에 모습을 감추고 사방으로 왕래하네
隨緣赴感澄潭月수연부감징담월　인연 따라 감응함은 맑은 못에 달 비치듯
空界循環濟有情공계순환제유정　허공계를 순환하며 중생을 제도하네

도량을 옹호하는 가람각伽藍閣

가람신伽藍神은 도량을 지키는 사찰의 토지신이다. 일반적으로 한국불자들에게 익숙지 않으나 신중청에 '하계당처 토지가람'으로 빠짐없이 등장한다. 가람각은 천왕문의 남동쪽에 근접해 있는 가장 작은 4면 단칸의 법당으로 도량의 수호를 위해 가람신을 모시고 있다. 가람각에서는 매해 가람기도를 봉행하는데, 이 기도에는 주지 스님과 노전 스님 두 분만 참

석한다. 섣달 그믐 밤 11시에 시작하여 다음 날 새벽까지 이어지는데, 도
량의 안정을 발원하는 내용을 담고 있다.

"통도사 삼성각에는 인도 스님이 있다"

삼성각은 일반적으로 산신, 칠성, 독성을 함께 모시는 전각을 말한다. 통도사 상
로전의 삼성각에는 세 분 스님의 진영이 모셔져 있는데 바로 고려 말에 활동했
던 무학 스님과 나옹 스님, 그리고 지공 스님이다. 이 중 무학 스님과 나옹 스님
은 우리나라 역사서에 자주 등장하는 유명한 인물이다. 하지만 지공 스님은 인
도에서 온 외국 스님이다.

통도사의 사리신앙에 결정적인 역할을 한 분이 바로 인도의 지공(指空, 1300~1361)
스님이다. 1328년(충숙왕 15) 2월 스님이 금강계단을 참배하고 선과 무생계를 설
하면서 다시 통도사는 각광을 받는다. 지공 스님은 인도 마갈타국 태자 출신으
로 8세에 출가하여 19세에 남인도 능가국 길상산의 보명 스님에게 의발을 전해
받아 서천 108조라 했다. 1326년 3월에 금강산 법기보살을 친견하기 위해 고려
에 들어왔으며 당시 고려인들로부터 살아 있는 부처로 존경받았다.

삼성각에 모셔진 세 분의 진영.
왼쪽부터 무학, 지공, 나옹 스님이다.

1328년 2월 지공 스님은 부처님 가사와 사리를 친견하고자 통도사에 내려와 법
회를 열고 하루는 선禪을 설하고 하루는 계戒를 설했다. 통도사 <영골사리부도비>
에는 "고려 충선왕 15년 지공 스님이 바다를 건너와서 단에 올라 법석法席을 베풀
때 많은 사람이 모여서 마치 귀신의 설법을 듣는 듯하였다."고 기록하고 있다.
지공 스님은 법회 날 계단에 올라가 가사와 사리를 머리에 이고 대중에게 말하
기를 "부처님 몸과 부처님 옷을 이곳 계단에 안치했다. 내가 인도로부터 중국을
거쳐 온 것은 오직 이 때문이다."라고 했다.
부처님의 진신사리와 가사를 참배하기 위해 인도에서 통도사까지 왔다는 것이
다. 당시 원나라와 고려에서 지공 스님의 영향력은 엄청났기에 지공 스님의 이
말 한마디는 부처님의 사리와 가사를 모신 계단을 가진 통도사의 위상을 크게
높이는 데 기여했다고 볼 수 있다.

한눈에 보는 통도사

1차 중창
1305~1369

892	백운암 창건
1295	안양암 창건
1305	일주문 · 불이문 건립
1316	명월료 · 금당 창건
1317	황화각 창건
1337	천왕문 창건
1340	감로당 창건
1341	원통방 창건
1344	극락암 창건
1345	비로암 창건
1346	서운암 창건
1368	화엄전 창건
1369	약사전 · 극락보전 · 용화전 · 봉발탑 · 명부전 창건
1372	수도암 창건
1374	백련암 · 옥련암 창건

조선 전기 건축물

1573	사명암 창건
1578	비로암 중창

1701	낙가보전(관음전) 상량
1686	취운암 중창
1686	범종각(동종 주성) 중창
1680	수월당 창건
1677	응진전 중건
1654	극락보전 중창
1652	계단 추가 중수
1652	대법당 중수
1649	괘불 조성
1647	황화각 · 영각 중창
1645	사리각 중창
1644	만세루 창건
1634	백련암 중창
1609	응향각 창건
1605	관음전 중수
1603	계단 중수
1601	불이문 · 천왕문 · 일주문 · 대웅전 중수

조선 후기 건축물 2차 중창

**조선 후기
건축물
3차 중창**

연도	내용		연도	내용
1704	영각 · 영산전 중창		1870	천태각(삼성각) 중창
1706	가람각 중창		1866	안양암 옛터에 보상암 창건
1708	일영교 · 월영교 건립		1863	보광전 중수, 축서암 · 백련암 중창
1711	축서암 창건		1859	서운암 중건
1713	금당 · 명월료 중창(하로전 전소)		1858 즈음	천태각 창건, 산령각 중창
1714	극락보전 중수		1857	취운암 중수
	가람전 상량		1857	응향각 중수, 옥련암 중건
	영산전 · 천왕문 재건		1855	상향각전 중수
1715	상향각전 중건		1845	지장전 중수
1718	사천왕상 조성		1843	영자전 중창
1725	대광명전 · 미륵전 · 관음전 중창		1842	보광전 중수
1727	해장보각 창건		1841	범종각 중수
1729	금당 중건		1838 즈음	전등전 창건
1743	계탑 중수		1838	계탑 수리
1745	금강계단 중수		1823	무풍교 중수
1746	만세루 중건		1823	계단 중수
1756	대화재 발생		1810	향적전 중수, 백운암 중창
1757	문수전 · 일로향각 · 응향각 중창		1809	사리각 중수
1758	영자전 상량, 보광전 창건		1807	보광전 재건
	극락암 중건, 대광명전 중수		1800	대웅전 · 극락전 중수
1760	명부전 중건		1800대경	수월당 중수
1761	나한전 중수, 산령각 창건		1798	명부전 중수
1762	화엄전 중창		1795	취운암 중수
1763	비로전 중수		1792	영산전 · 세존비각 중수
1770	일주문 중건		1791	향적전 · 중지전 중수
1771	향적전 중수		1785	약사전 중수
1775	대웅전 중수		1780	관음전 중수

1775	1779
취허루 중창	용화전 중창

1872	금강계단 중수
1882	화엄전 · 원통방 · 감로당 전소
1883	화엄전 · 원통방 · 감로당 중창
1887	화엄전 · 원통방·
	명부전 · 감로당 전소
1887	명부전 · 화엄전 중창
	옥련암 중건
1888	원통방 중창, 감로당 상량
1890	명부전 중건
1894	삼회전 신축(어필 봉안 축성각)
1899	용화전 중수
	문수전을 중지전으로 고침
1900	해장보각 · 사리부도 중수

근현대
1910~현재

1911	금강계단 중수(9차)
1916	보광전 별당 중건
1920	대웅전 앞 오층석탑 건립
1922	무풍교 건립
1927	보타암 창건
1930	서운암 중창
1932	전향각 중수
1935	삼성각 중건
1937	삼성반월교 건립
1939	옥련암 중창
1940	비로암 중건

2013	관음전 중수
2009	원통방 · 공양채 중창
2008	설선당 완공, 전향각 중창
2008	해장보각(도서관) 완공
2007	취운암 중수
2006	전향각 중수
2004	극락보전 중수
2003	만세루 보수
1999	대광명전 중수, 약사전 수리
1999	천왕문 보수
1999	영산전 수리
1998	성보박물관 중건
1998	용화전 수리
1993	부도원 정비
1992	설법전 창건
1992	일영교 · 월영교 중수
1992	탑전 오층석탑 복원
1987	육화당 중건, 삼층석탑 이건
1986	금수암 창건, 산령각 중건
1981	영축산문 건립
1970	보광전 중창
1970	화엄전 재건
1968	일로향각 중건
1962	대웅전 중건
1960	자장암 중창
1959	일승교 건립
1942	삼성각 중수
1941	육화당 신축

전각에 얽힌 사연들

사찰의 건축물은 대개 신앙과 믿음을 전제로 지어진다. 불보살님을 모시기 위한 예경과 참배의 공간이거나 스님들이 기거하는 공간, 혹은 대상의 보호를 목적으로 지어진다. 목조건물의 연대를 추정하는 가장 쉬운 방법은 상량문上樑文이다. 상량문은 집을 새로 짓거나 고친 내력, 지은 날짜, 시간 등을 적어 둔 글이다. 대개 상량대 안에 홈을 파고 넣거나 간략하게 상량대 위에 글씨로 적기도 한다. 이러한 기록들이 훗날 해당 건축의 역사이자, 당대의 상황을 파악하는 중요한 사료로 남는다.

1714년 쓰인 통도사 극락보전 중창 상량문을 보면 중창의 내용을 읽을 수 있다. 상량문에는 당시의 시대 상황을 유려하게 표현해 내고 있으며, 전각이 쇠락하게 된 연유를 명확하게 밝히고 있다. 여기서 극락보전은 화재로 인해 소실되어 훗날 원해 스님의 원력으로 시주와 불사를 추진하여 재건되었음이 드러난다. 1713~1714년 무렵에 극락보전뿐만 아니라 여러 전각이 새로 지어졌으며 활발하게 중건 불사가 이어졌음을 알 수 있다. 또 금강계단 중수기와 사리각 번와 시주기에도 당시의 이야기와 사연이 그대로 남아 있다.

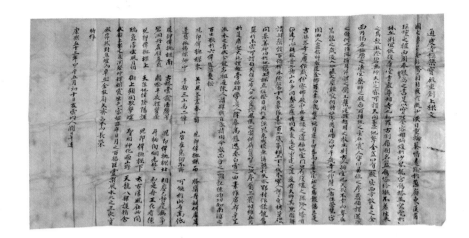

통도사 극락보전 중창 상량문通度寺極樂寶殿重創上樑文 (1714년, 종이)

들건대, 노나라에서 별이 떨어지자 가섭마등과 축법란이 힘들게 사막을 건너왔고, 한나라에서 일륜日輪을 거듭 보자 채음이 멀리 총령을 넘었습니다. 동한 때에 엄숙하게 예에 따라 절을 세웠고 서주 때에는 은함에 경전을 받들었습니다. 그리하여 보배관을 쓴 부처님 모습이 항하의 모래와 같이 수많은 세계에서 서로 밝게 빛나게 되었고 용궁의 안탑이 숲 언덕에 아울러 불쑥 세워지게 되었으니, 마땅히 화려한 건물과 크고 장엄한 존상을 회복해야 할 것입니다.

이 절은 신라의 고찰이며 영국嶺國의 이름난 가람으로, 안탑이 영롱하여 오고 가는 새들이 앉지 않았고 용추는 푸르고 맑아서 크고 작은 장맛비에 불어나지 않았으니, 가히 하늘이 신선의 세계를 열고 땅이 상서로운 자리를 떠받쳤다 할 수 있겠습니다. 한 전각에는 서방 교주의 불상을 모시고 극락전極樂殿이라 이름을 걸었고, 약사전藥師殿은 미타전 동쪽에 세웠습니다. 온 나라 사람들이 모두 전각 자리의 순서가 바뀌었다고 하지만 나만은 이것을 근본으로 돌이키는 조목이라고 말하겠습니다. 왜냐하면 미타부처님은 작용을 거두어 본체로 돌아가는 각왕覺王이시고, 약사부처님은 본체로부터 작용을 일으키는 교주이시므로 옛 분들이 그렇게 전각을 배치한 것이니, 아름답다 하겠습니다.

불행하게도 옛날 임진의 해에 왜란이 일어나 반칠에 흙먼지가 깊이 박혔으니, 종소리가 적막해진 것이 어느 때부터이며 화로가 싸늘하게 식은 지 몇 날이나 되었습니까. 순치順治 갑오년(1654)에 절의 승려 혜인慧仁이 절집을 경영하고 숭신 스님이 공경히 금불金佛을 조성하였습니다. 그러나 다시 불행하게도 계사년 묘월(2월)에 이르러, 성함은 쇠함의 어머니던가 빈터에 새가 탄식하고, 흥함은 길함의 손자이던가 동태사의 마귀가 장난을 일으켜, 스님들의 요사와 부처님의 전각은 서까래 한 짝도 남지 않았고 복을 빌던 가람은 타다 남은 잿더미의 흔적만 남았습니다. 지나는 사람들은 고개 들어 바라보고 스님들은 마음에 새겼습니다. 이에 외람되이 여러 산중에 고하였다가 그다지 동조하는 호응을 얻지 못하였지만 널리 대중들에게 뜻을 물어 마침내 중건의 계획을 세우게 되었습니다. 이때에 원해圓解라고 불리는 대사 한 분이 계셨는데, 강원에서의 명성이 어디에도 비교할 수 없을 만큼 자자하고 선원에서의 덕망도 넉넉한 분이었습니다. 대사께서 모연한 지 한 해가 되지 않아서 온갖 장인들이 일을 맡아 진행하게 되었으니 목수들은 땅땅거리며 나무를 치고 승군들은 허허 웃으며 재목을 끌었습니다. 주춧돌을 측량하고 기초를 다질 때는 대지의 신령한 공덕을 헤아리고, 대들보를 올리고 기둥을 세울 때는 하늘 운행의 일상생활을 헤아렸습니다. 기와가 모양을 갖추는 것은 물고기가 물도 없는 데에서 비늘 모으는 것과 같았고 영장의 재목이 형체가 갖추어짐은

용이 구름이 일기도 전에 날개를 떨치는 것과 같았으니, 가히 하늘이 저절로 만든 것이지 사람의 힘으로 한 일이 아니었다 하겠습니다. 이에 봉황의 자태가 있는 잔치를 베풀고 낙성을 축하하는 정성을 펼쳤으니 절기는 삼농 가운데 5월입니다. 이에 큰 보시를 한 단월檀越들을 널리 맞이하고 석학碩學과 진인眞人들을 두루 초대하였습니다. 붉은 장막을 높이 내걸고 백설의 곡조를 번갈아 연주하며 흰 휘장을 넓게 깔아 유수의 음악을 다투어 뽐내었습니다.

엎드려 생각하오면 용암이 선원의 진부한 사람이자 강원의 부족한 자로서 청을 받들고 명령을 받음은 서씨가 얼굴을 찌푸리는 것을 한 번 흉내 냄이요, 덕을 기억하고 공덕을 기림은 남명에서 온갖 것이 나옴을 알기 때문이니, 여섯 방위에 노래를 불러 양쪽 들보에 남깁니다.

어영차, 들보를 동쪽으로 던지면
봉래산이 멀리 희미하게 보이는데
긴 바람이 불어 봄 아지랑이를 다 거둬 내니
손으로 삼산 만이천 봉을 가리키겠네.
어영차, 들보를 서쪽으로 던지면
산세는 높고 높으나 완만하게 들쑥날쑥하여
뛰어난 풍채 기이한 모습은 어디에 있는지
아마도 여기에서 높고 낮음을 얻게 되리라.
어영차, 들보를 남쪽으로 던지면
벽동의 붉은 봉우리 저녁 안개에 감췄는데
옛 탑의 운감에 새벽 경쇠 소리 맑고
등불 밝혀 한밤에 부처님께 예불을 올리네.

어영차, 들보를 북쪽으로 던지면

북두칠성이 찬란하여 혁혁하게 빛나고

오랑캐의 전란은 이미 잠잠하여 아무 일도 없으니

우리 임금 교화가 덕스러움을 알겠구나.

어영차, 들보를 위로 던지면

상서로운 기운과 뜬구름 속에 달과 바람이 밝고

하늘이 정하고 땅이 받드는 이치가 음과 양으로 조화하여

거리에서는 자주 격양의 노래가 들리네.

어영차, 들보를 아래로 던지면

성스러운 신의 밝은 조화가 산과 들에 고루 미쳐서

태고의 순박한 풍속이 이 사이에 있으니

천룡팔부天龍八部가 정사精舍를 보호하리라.

엎드려 바라옵나니, 상량을 한 후로도 이 골짜기에 빛이 더해지고 이 깊은 산이 빛을 발하게 하소서. 땅의 귀신 부온께서는 해가 가고 달과 날이 가도록 온갖 복을 쌓아 주시고 물의 신 거령께서는 바람과 물과 불의 삼재를 막아 주시어, 보배의 전각은 우뚝하게 옥초를 마주하여 높이 서고 왕실의 후손은 번성하여 약목과 가지런히 번영을 길이 누리게 하소서.

　　_ 강희 53년(1714) 갑오 5월 초10일에 우운友雲 문인 간초澗草가 짓습니다.

금강계단 중수기 (1823년)

대웅大雄 세존께서 멸도하신 후에 신골身骨 사리를 나누어 봉안하니, 인천人天에서 수승하게 응한 곳이 8만 4천여 탑에 이르렀다고 한다. 하지만 어떤 곳에는 사리만 있고 어떤 곳에는 손가락 마디만 있으며 어떤 곳에는 치아만 있으니, 각기 한 가지 물건만 얻어서 탑을 세운 것이다. 그런데 오직 우리나라 통도사만은 정골과 치아와 손가락 마디의 사리, 그리고 비라금점가사와 패엽진경 등을 각각 다 얻어서, 부처님의 전신全身을 갖추어 합장하였기 때문에 여러 탑들 중에서도 특별히 뛰어나다고 숭상을 받는 것이다. 또 여러 탑들은 당시의 천주天主와 세주世主들이 의논한 결과 그럴 만하다고 하였던 것이지, 칠불조七佛祖와 길상성사吉祥聖師가 직접 주신 것과는 같지 않다. 자장율사께서 친히 그 보배로운 터를 지정해 주시며 금강계단을 축성하게 하였으니, 그 또한 부처님께서 잘 기억하고 계실 것이다. 이분은 어떤 신이신가. 삼천대천세계 사부주가 한 분 석가께서 교화하는 세계인데, 그 가운데 나라와 산이 셀 수 없이 많다. 『화엄경』「주처품」에도 우리나라 금강산을 가리켜 담무갈의 주처라고 하였으니 우리나라의 거역居域이 아주亞洲 색하索河에 빼어난 경광을 더하는 것임을 알 수 있다.

율사께서 탑을 세우신 후에 계영능사가 재창하였는데, 사면에 계단을 두었기에 구경 다니는 속가의 나그네들이 간혹 밟고 오르기도 하고, 단에 석물을 만들었는데 훼손된 곳이 많아서 석손釋孫들의 걱정거리가 된 지 오래이다. 도광 2년 임오년(1822) 겨울에 노비구 홍명鴻溟 공이 떨치고 일어나니 당시 종백宗伯이신 도암度菴과 우계友溪와 구룡九龍 스님과 사리事理

에 밝은 명덕^{名德}들이 일시에 다 호응하여, 원근의 단문^{檀門}을 두루 찾아 모연을 하기를 3년 만인 계미년 봄에 드디어 석물을 깎고 계단을 만들어 틈을 이어 붙이고 등롱^{燈籠} 한 개를 세워서 여름에 준공하였다. 또 가사 60벌을 모으고 불탱^{佛幀} 10축과 전신불 6분을 동시에 조성하여 모두 잘 완성하고 성대하게 수륙점재^{水陸點齋}를 열어 낙성하니 사리들이 구름처럼 빽빽하게 모여들었고 천룡팔부가 기뻐하며 달려왔다. 성대하구나, 공덕이여. 이 해 가을 운문동^{雲門洞}으로 심부름꾼을 보내 와서 나에게 글을 써서 기록해 주기를 부탁하니 내가 부족한 데다 이 일에 참여하지도 않았기에 준비되어 있지 않음을 탄식하면서도 이 또한 인연이라 피하지 않고 전하는 말을 기술하니 글을 숭상하는 자들의 웃음거리나 되지 않을지 모르겠다.

_ 도광 3년 계미년 가을 9월 어느 날에 지봉^{智峰} 문인 계오^{戒悟}가 삼가 기록하다.

사리각 번와 시주기 (1858년)

삼각산 아래 대원암에 청정하게 두타행을 하는 한 사람이 있으니 법호가 기남^{畿南}이요, 법명은 서준^{瑞俊}이다. 자비로 집을 짓고 유인^{柔忍}으로 옷을 삼았으며 4위의계행^{四威儀戒行}과 16관방편^{十六觀方便}을 의지하여 마음으로 삼아 안으로는 하는 일이 견고하여 마치 은산철벽과 같고 호탕하기가 뜬구름, 흐르는 물과 같아 하루살이가 한바탕 꿈에서 본 세상을 의지하니, 깨달음의 인연이 삼생법계에 처세함이라. 난행^{難行}을 능히 행하는 것이

베푸는 마음이요, 상 없음을 상으로 삼는 것이 눈이 밝아지는 것이라. 통도사 사리각 번와翻瓦를 하는 데 100민동(약 1000냥)을 내어서 천 년의 집을 덮으니 가히 백 배로 옛 모습을 일신한 것이라. 그것은 본사에 있어서 승려의 수가 4~5백이나 많다고 말하지만 돈을 쓰고 남은 것을 여기에 비교하면 모두 한 번의 욕심이라. 기남화상巖南和尙을 기준으로 하면 즉 열에서 백 배 썩은 것은 알지 못하고 몇 명의 개인일 뿐인데 하물며 눈으로 항상 사리각 빗물에 줄줄 새는 것을 보면서도 입으로는 항상 통도사가 근본 도량이 되기를 바란다. 그러나 오직 욕심을 내어 아끼는 마음으로 평소에 서로 돌아보았어도 지금에 이르니 급한 것이다. 인연이 어디 천 리 멀리에 있겠는가! 도량의 배치와 땅의 신령스러움이 보이지 않는가? 그러나 한번 들은 것이 있을 뿐이니 그 마음은 부처의 보시가 아니요, 이것이 많은 돈이겠는가! 이것은 성스러운 힘이 몰래 도운 것이요, 인연이 닿은 것이요, 이 사람의 이름이라면 세상 곳곳에 전해짐이 있고, 백 대에 무궁함이 있으리라. 위로는 돌아가신 스승과 부모께서 마침내 기쁨의 천법계天法界로 돌아가고 범부의 생각은 똑같이 고뇌의 바다에서 빠져나옴이리라. 어찌 기대려 힘쓰지 않겠는가! 그러므로 약간은 어리석어 먼저 여래 되기를 말하고 후에 중생이 되기를 기원하여 감히 말할 뿐이노라.

_ 함풍 8년 무오년(1858) 5월날 호운도언 기록하다.

Ⅲ

상징과 비유

한눈에 보는
통도사의 불화

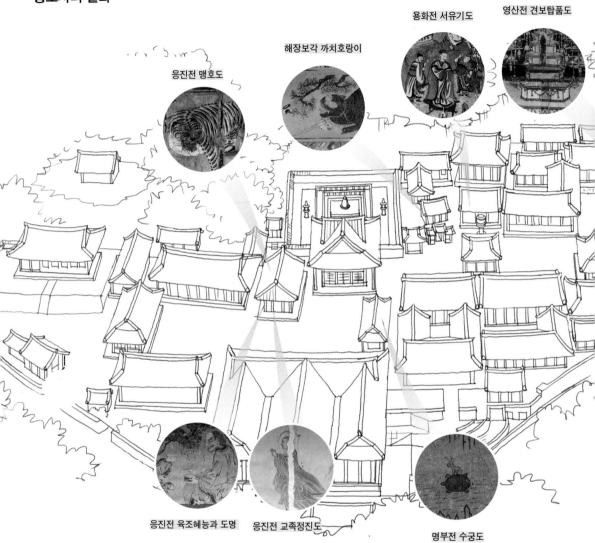

용화전 서유기도

영산전 견보탑품도

해장보각 까치호랑이

응진전 맹호도

응진전 육조혜능과 도명

응진전 교족정진도

명부전 수궁도

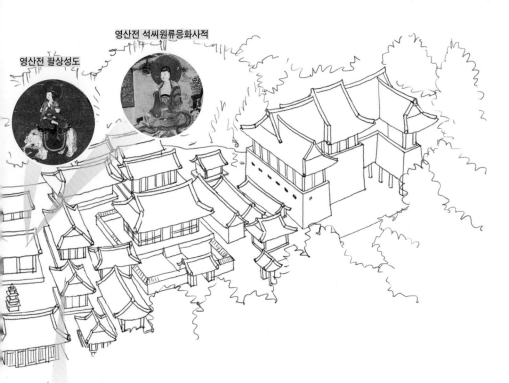

영산전 팔상성도

영산전 석씨원류응화사적

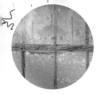

극락보전 반야용선도

　전각을 세우고 도량을 건립하는 일은 '건축'의 문제일 뿐만 아니라 종합예술적인 측면에서 접근해야 한다. 전각의 형태나 배치는 어떻게 하느냐, 어떤 상징을 주입하느냐에 따라 다양한 해석이 가능하다. 단순히 오래된 것들로부터 문화재의 가치를 찾는 것이 아니라, 신앙적인 배경과 시대적인 흐름을 관통하여 바라본다면 사찰을 참배하는 일은 매우 흥미진진한 일이 된다. 통도사에는 국가지정 문화재 27건과 도지정 문화재 62건이 소장되어 있다. 이 중에서도 대웅전 및 금강계단이 국보로 지정돼 있으며 보물은 26건에 달한다. 생생한 역사가 곳곳에 증언처럼 남아 있다. 그중에서도 통도사에 있는 불교회화는 단연 최고의 지위를 차지하고 있다. 도상의 사이사이에는 부처님의 가르침뿐만 아니라 민중의 삶이 고스란히 남아 있다.

부처님의 가르침,
불화佛畵

부처님의 생애를 담은 〈팔상성도八相成道〉

　석가모니부처님의 생애를 여덟 단계로 나누어 그린 불화를 팔상도라고
한다. 팔상이라는 개념이 언제부터 생겨났는지는 분명치 않으나 불전도
에 표현되던 부처님의 탄생, 성도, 초전법륜, 열반을 기념하는 4성지에 네
곳이 추가되어 8성지가 된 후 각 성지와 관련된 설화들이 결합하여 팔상
의 개념이 확립되었다고 보고 있다. 우리나라에서는 『불본행집경』을 기
본으로 하여 제작했던 것으로 짐작하며, 1447년 『석보상절』에서 팔상을
도솔래의 - 비람강생 - 사문유관 - 유성출가 - 설산수도 - 수하항마 - 녹원
전법 - 쌍림열반이라고 밝힌 이후 모든 팔상도가 이 같은 화제하에 제작
되었다. 팔상도에는 화폭의 장면마다 내용의 제목을 적어 놓아 그림을 쉽
게 이해할 수 있게 한 것을 특징으로 꼽을 수 있다. 보물 제1041호 통도사
영산전 팔상도는 조선 영조 51년(1775)에 유성, 포관 등 화승에 의해 그려
졌는데 각각의 화폭은 거의 빈 공간을 두지 않고 건물과 나무, 구름 등을
배경으로 적절하게 구도를 나누어 해당되는 장면을 잘 표현하였다.

통도사 영산전 팔상탱화
도솔래의상

조선 후기(1775년)
비단바탕에 채색
240×151cm
보물 제1041호

　　　　　한 권으로 읽는 통도사

도솔래의상兜率來儀相

　석가모니부처님이 과거에 쌓은 공덕으로 도솔천에서 호명보살로 머물다 부처님이 되기 위해 인간 세상에 태어나기 전의 장면을 상세하게 묘사한 그림이다. 맨 위쪽 원상에 흰 코끼리를 타고 내려오는 호명보살상과 이를 에워싸고 각종 악기를 연주하는 천인과 시종하는 모습의 천중상이 묘사되어 있고, 하단 좌측에 마야부인이 여러 시녀를 거느리고 잠든 모습에서 입태하는 내용들이 보인다.

통도사 영산전 팔상탱화
비람강생상

조선 후기(1775년)
비단바탕에 채색
237.2×151.3cm
보물 제1041호

비람강생상毘藍降生相

　마야부인이 나뭇가지를 잡고, 오른쪽 옆구리로부터 출생하시는 불타
의 모습이 있다. 강탄 후 일곱 걸음을 걸어 오른손으로 땅을 가리키고 왼
손으로는 하늘을 가리키는 '천상천하유아독존'의 장면을 표현하였다. 상
단 좌측에는 상서로운 구름 주위로 구룡이 청정수를 토하여 탄생불의 몸
을 씻겨 주는 모습이 묘사되어 있으며 하단 우측에는 아시타 선인이 정
반왕의 궁에 들어가서 태자의 형상을 보고 정각을 이루어 붓다가 되리라
예언하는 모습이 표현되어 있다.

通도사 영산전 팔상탱화
사문유관상
조선 후기(1775년)
비단바탕에 채색
229.0×151.5cm
보물 제1041호

사문유관상四門遊觀相

풍요롭고 화려한 성 안에서만 자라던 태자가 성 밖으로 나가 생로병사의 실상을 보고 출가를 결심하기까지의 장면을 묘사한 그림이다. 그림의 오른쪽 위부터 동, 오른쪽 아래 남, 왼쪽 아래 서, 왼쪽 위는 북쪽을 상징하였다. 특히 북문에서 출가사문을 만나는 장면이 잘 묘사되어 있다. 세상의 무상함과 출가한 사문의 고고한 자태를 대비시켜 극적인 장면들이 잘 표현되었고, 두 그루의 소나무가 엉켜 있는 구도를 중심으로 생로병사의 네 장면을 자연스럽게 연결하여 구분하였다.

통도사 영산전 팔상탱화
유성출가상

조선 후기(1775년)
비단바탕에 채색
237.3×151.3cm
보물 제1041호

유성출가상 踰城出家相

　유성출가상은 생로병사의 고통으로부터 얽힌 삶에 대하여 깊은 번민에 방황하던 태자가 마침내 궁궐을 떠나 출가하는 장면을 묘사한 그림이다. 상단에 태자가 마부 찬다카와 함께 백마 칸타카를 타고 성을 빠져나갈 때에 제천과 신중들이 호위하는 모습이 상서로운 구름과 함께 표현되어 있다. 하단에는 카필라성 왕궁 내부에서 비파를 안고 잠들어 있는 야쇼다라와 궁녀들이 묘사되어 있고, 맨 아래 우측에는 성문에 기대어 잠든 병사들이 그려져 있다. 중앙에는 마부 찬다카가 돌아와서 정반왕에게 태자의 출가를 고하자 모두 슬퍼하는 모습이 표현되어 있다.

설산수도상雪山修道相

　설산수도상은 태자가 출가하여 궁궐로 돌아오라는 부왕의 명을 거절한 채 6년간 수행하는 과정을 설산을 배경으로 묘사한 그림이다. 하단에 태자가 말에서 내려 자신의 머리카락을 칼로 자르는 모습이 그려져 있으며 그 옆에 제석천신이 태자의 머리카락을 두 손으로 받들고 있다. 삭발하고 있는 태자의 앞에 꿇어앉아 우는 마부 찬다카의 모습이 섬세하게 표현되어 있고 오른쪽 아래에는 태자와 작별하고 성으로 돌아가는 찬다카가 묘사되어 있다. 상단에는 고행림에서 수행을 마친 다음 네란자라강에서 목욕하고 수자타의 유미죽 공양물을 받으시는 모습이 표현되어 있다.

**통도사 영산전 팔상탱화
설산수도상**

조선 후기(1775년)
비단바탕에 채색
239.0×150.5cm
보물 제1041호

수하항마상 樹下降魔相

　팔상도 중 가장 극적인 장면을 묘사하고 있는데, 싯다르타가 인간의 모습에서 불타가 되는 획기적인 모습이기도 하지만 불교의 핵심 사상을 여기에 둘 수 있기 때문에 이 도설의 내용은 아주 중요한 부분이다. 중앙 우측 보리수 아래 결가부좌한 보살 앞에는 각종 무기를 든 마군과 칼을 든 마왕 파순, 또 한편에는 마군들의 퇴각하는 모습이 율동적이고 생기 있게 묘사되었다. 이러한 극적인 표현은 부처님이 보리수 아래에서 49일을 정진하여 지금까지 그를 유혹하던 온갖 마군을 조복받고 명성을 보고 오도하는 모습을 시각적으로 잘 구현하고 있다.

상징과 비유

녹원전법상鹿苑轉法相

이 도상은 석가모니부처님이 성도 후 처음으로 녹야원에서 설법하게 되는 모습을 묘사한 그림이다. 상단에는 수미단상에 앉아 보관을 쓰고 천의, 화만, 영락을 걸치고 설법하는 부처님과 그 주변으로 협시보살과 보살중, 천중, 외호신중의 모습이 묘사되어 있고 부처님 위쪽에는 제불 래영이 표현되어 있다. 하단에는 보탑과 그 위에 합장하고 있는 부처님 과 시방세계의 부처님, 신중, 성중이 묘사되어 있다.

통도사 영산전 팔상탱화
녹원전법상

조선 후기(1775년)
비단바탕에 채색
236.5×151.0cm
보물 제1041호

쌍림열반상雙林涅槃相

길에서 태어나 일평생 수행의 길을 다니며 사람들에게 진정한 자유의 가르침을 전파하셨고 길에서 마지막 여정인 불생불멸의 열반에 드셨다. 이때 사라나무가 홀연히 아름다운 꽃을 피우더니 열반에 드신 부처님 위로 향기로운 꽃을 흩뿌렸다. 쿠시나가라 니련선하의 사라쌍수 아래서 80세의 생애를 마치고 음력 2월 15일 열반에 드신 모습이다. 부처님이 열반에 드신 모습 주위로 통곡하고 있는 비구상, 합장한 보살상, 외호하는 신중상이 묘사되어 있고 상단에는 부처님 입멸 후 다비하는 장면, 중앙에는 부처님 입멸 후 다비할 때에 시자를 거느리고 내강한 마야부인의 모습이 표현되어 있다.

통도사 영산전 팔상탱화
쌍림열반상
조선 후기(1775년)
비단바탕에 채색
235.7×151.4cm
보물 제1041호

영산전 『석씨원류응화사적』

『석씨원류응화사적』은 석가모니불의 일대기와 전법 제자들의 행적을 기록하여 놓은 것이다. 이 판화집은 중국에서 전래되었고 조선 후기 팔상도에 대부분 표현되어 그려졌다. 영산전의 포벽 상하단에는 부처님의 이야기와 고승에 관련된 내용들이 그려져 있는데, 그 가운데는 석가모니 부처님의 주요 행적을 전기 형식으로 모아 놓았기 때문에 성도 이후 열반까지의 내용들이 주를 이룬다. 일부는 인도 승려들의 행적과 중국 불교를 형성해 온 고승들의 설화를 그려 놓았다. 이 가운데는 양나라 때 불교를 전한 달마대사의 일화와 당나라 삼장법사 현장 스님도 있고 양 무제 등 불교를 믿고 따랐던 황제나 지식인들의 행적도 있다. 불교의 심오한 사상을 전달하기보다는 부처님과 고승들의 기적이나 귀감이 되는 내용을 일반인과 불교에 입문하는 초심자들에게 이해하기 쉽게 그림으로 풀어 놓은 것이라 할 수 있다. 이러한 내용들을 법당 벽면에 표현하여 당시 억압받던 조선시대 불교가 대중들과 쉽게 소통하기 위한 방편으로 삼았다.

〈노인출가老人出家〉

나이가 많아
출가할 수 없는
노인을 제자로
받아들이는 장면

특히 부처님과 승려의 위계를 고려하여 상단 포벽에 부처님의 전래 이야기를 배치하고, 하단 포벽에 승려들의 내용을 그린 것으로 보아 의도적으로 구성된 것임을 알 수 있다. 영산전 내부의 상단 포벽에는 동서남북 모두 26장면의 불전 관련 그림이 그려져 있고 하단 포벽에는 고승과 관련된 설화 그림 22점이 구성되어 있다. 도상의 위치에 따라 조금씩 주제가 다르기는 하지만, 전체적인 구성으로 보았을 때 모두가 불교를 주제로 한 불화라고 할 수 있다.

『석씨원류응화사적』의 장면

노인출가老人出家 : 나이가 많아 출가할 수 없는 노인을 제자로 받아들이는 장면
시식득기施食得記 : 부처님께 음식과 옷을 공양한 공덕으로 성불하게 되는 장면
불화추아佛化醜兒 : 추악한 아이가 설법을 듣고 선하게 변하게 되는 장면
옥야수훈玉耶受訓 : 패악한 옥야에게 며느리로서의 역할을 가르치는 장면
추녀개용醜女改容 : 추악한 여인이 설법을 듣고 아름답게 변한다는 장면
부인만원夫人滿願 : 유폐된 위제희 왕비의 소원을 들어 주는 장면
권친청불勸親請佛 : 외도를 믿다가 병든 친구에게 부처님을 만나기를
　　　　　　　　　권하는 장면
촉아반불囑兒飯佛 : 수라타가 임종 시 아들에게 보시를 부탁하는 장면
시의득기施衣得記 : 부처님에게 옷감을 보시한 공덕으로 수기를 받는 장면
도제분인度除糞人 : 사위성에서 천한 신분의 전타라를 제자로 받는 장면
목련구모目連救母 : 목련이 지옥에 있는 어머니를 구제하는 장면

<증명설주證明說呪>

관세음보살이 진언을
통하여 중생구제를
청하는 장면

〈도제분인度除糞人〉의
한 장면

능가설경楞伽說經 : 여러 보살들에게 『능가경』을 설하는 장면

원각삼관圓覺三觀 : 부처님께서 열반에 들 때 보살들에게 『원각경』을 설하는 장면

반야진공般若眞空 : 급고독원에서 수보리의 질문에 『반야심경』을 설하는 장면

청불주세請佛住世 : 부처님께서 열반에 들지 않고 남아 있기를 청하는 장면

도부루나度富樓那 : 부루나가 설법제일의 제자가 되는 장면

어인구도漁人求道 : 상대를 물고기라 놀린 과보로 백두어가 되었다는 장면

도발타녀度跋陀女 : 대가섭의 부인 발타라跋陀羅라는 여인이 부처님에게
　　　　　　　　　귀의하는 장면

천인헌초天人獻草 : 제석천이 변신한 길상에게 보리수 아래에 깔 풀을 얻는 장면

범천권청梵天勸請 : 범천과 여러 권속들이 부처님께 설법을 청하는 장면

불화무뇌佛化無惱 : 사위성의 살인자인 앙굴리말라를 교화시키는 장면

백구폐불白狗吠佛 : 전생에 재물에 집착한 업보로 개가 되었다는 장면

사천우불祀天遇佛 : 치병을 위해 살생하여 제사 지내는 악습을 교화하는 장면

증명설주證明說呪 : 관세음보살이 진언을 통하여 중생구제를 청하는 장면

불구석종佛救釋種 : 침공하는 유리왕을 설득하여 석가족을 구했다는 장면

〈견보탑품변상도見寶塔品變相圖〉

영산전 내부의 벽화 가운데 불상의 반대쪽 서벽에는 현존 국내 유일의 내벽화인 〈견보탑품변상도見寶塔品變相圖〉가 그려져 있다. 이 벽화는 예배자의 위치에서 사리탑을 향해 바라볼 수 있는 곳에 그려져 있으며, 『법화경』의 내용 가운데 가장 극적인 장면을 연출하고 있다. 높이 540㎝, 폭 220㎝ 크기의 〈견보탑품변상도〉는 영산전 내부 벽화 중 가장 크고 화려하여 다른 사찰의 영산전과 구별되는 통도사 영산전의 대표적 벽화이다. 이 벽화는 석가모니부처님이 기사굴산에서 『법화경』을 설법할 때 화려하게 장식된 칠보탑七寶塔이 솟아오르고 다보불多寶佛이 석가모니불을 맞이하자 보살·천인·천룡팔부 등 참석한 대중들이 칠보탑에 공양하는 내용을 담고 있다.

벽면 중앙에 두 부처님이 나란히 앉은 웅장한 탑을 배치하고 탑 좌우에 보살과 제자 각 2위를 대칭적으로 그려 안정감이 있다. 화면 상부에는 화려한 채운과 탑을 장식한 갖가지 보령寶鈴과 영락瓔珞이 군청색의 바탕과 대비를 이루며 중앙의 탑을 부각시키고 있다. 9층 탑신에서 확산되는 나선형螺旋形의 선은 '칠보탑이 솟아오르자 사방에 전단향이 가득하였다.'는 경전의 내용을 구체적으로 표현한 것이다. 상부의 전단향이 번지는 모습과 탑 주위의 합장한 보살·성중들의 표현은 탑 속에서 나오는 다보불의 소리를 듣고 자리에서 일어나 합장·공경한다는 「견보탑품」 전반부의 내용이고, 보탑 안의 이불병좌상은 다보불이 석가모니불을 맞이하고 『법화경』을 설하는 후반부의 장면이다. 이 벽화는 「견보탑품」의 전반부와 후반부 내용 전체를 한 화면에 압축하여 표현한 것이다.

『법화경』의 내용 중 가장 극적인 장면인 칠보탑이 솟아오르고 다보불이 증명을 하는 〈견보탑품변상도〉는 국내에서 도상의 내용과 형식 면에서 완벽함을 갖춘 유일한 벽화이다. 이러한 점에서도 그 중요성은 매우 크다.

영산전 벽화로 그려진
〈견보탑품변상도〉

극락으로 가는 배 〈반야용선도〉

통도사 극락보전은 천왕문을 지나 처음 마주하는 전각으로, 하로전 영역의 영산전 좌측에 서향하고 있다. 극락보전은 1369년 성곡대사에 의하여 세워졌고 1800년 연파선사에 의해 중수되었다. 법당에는 서방정토 극락세계의 교주이신 아미타불과 좌우에 협시보살로 관음·세지보살상을 봉안하였다. 벽화는 통도사 가람의 초입이라는 지리적 여건과 18세기 이후부터 20세기 초까지의 개보수로 인해 대부분 결실되어 외부와 외벽화와 포벽화만이 전한다. 현재 통도사성보박물관으로 옮겨져 보관되고 있는 포벽화 〈나한도〉가 주를 이루고 후면 외벽에는 험한 바다를 건너 극락세계로 향하는 〈반야용선도〉가, 좌우 외벽에는 〈금강역사상〉 등이 남아 있다.

중생들은 선행을 닦고 염불을 잘 행하면 아미타여래가 임종 시 왕생자를 서방 극락정토로 인도한다고 믿었다. 극락으로 가는 또 다른 대표적인 방법은 아미타여래의 인도를 받은 왕생자가 용선을 타고 바다 너머의 극락세계로 향하는 것이다. 〈반야용선도〉는 용선을 타고 인로왕보살의 인도하에 극락세계로 가는 중생들의 모습을 그린 그림이다. 일반적으로 화면의 중앙에 돛이 달린 큰 반야용선을 배치하고 서방극락 아미타불 또는 아미타삼존불이 서 있다. 선수와 선미에는 삿대와 번을 들고 중생들을 이끄는 보살이 배치되는데, 극락세계로 인도하는 인로왕보살과 고통, 재난 두려움 등을 없애 주는 관세음보살과 명부세계의 중생을 구제하는 지장보살 등이 그려진다.

통도사 극락보전 외벽에 그려진 〈반야용선도〉는 용선의 선두에 인
로왕보살이 합장하고 서서 서방 극락정토로의 길을 안내하고 선미에는
지장보살이 육환장을 들고 있다. 배 중앙에는 비구, 아낙, 선비, 양반,
노인 등 다양한 신분의 사람들이 극락왕생을 기대하고 있는데 이 가운
데 유일하게 뒤돌아보는 한 사람이 눈에 띈다. 아마도 속세에 미련이
남아 있거나 남겨 둔 가족이 걱정되어 극락을 가면서도 뒤를 돌아보는
것 같다.

교족정진翹足精進

응진전 외벽에는 벼랑 끝에 한 수행자가 서 있는 모습의 벽화가 그려져 있다. 그 주인공은 바로 아난존자다. 부처님의 제자 아난은 어린 나이에 출가하여 25년간 부처님을 모셨다. 다문제일이라 하여 부처님의 설법을 가장 많이 들은 제자로도 알려져 있다.

부처님이 열반에 드신 후 그 말씀을 모아 경전을 결집하기 위해 깨달음을 얻은 500제자가 칠엽굴에 모였다. 하지만 아라한과를 얻지 못한 아난은 칠엽굴에 들어가지 못한다. 그 후 아난은 절벽에 올라 7일간 뒤꿈치를 들고[翹足] 정진하는데, 밤낮 없이 목숨 건 정진으로 마침내 아라한과를 얻는다. 그리고 비로소 경전 결집에 참여하게 되는데, 경전에 등장하는 '여시아문'이 바로 아난의 말이다. 부처님의 말을 이렇게 들었다는 것으로 경전이 시작되는 것이다.

대개 교족정진은 벼랑 끝에서 뒤꿈치를 들고 있는 모습이나 한쪽 발을 들고 있는 모습으로 묘사되는데, 목숨을 걸고 치열하게 수행정진하여 깨달음을 갈구해야 한다는 교훈을 담고 있다. 응진전은 아라한(나한)을 모신 전각으로서 아라한과를 얻기 위한 치열한 구도행을 보여 주고자 그려진 것으로 보인다.

응진전 외벽에는 벼랑 끝에
한 수행자가 서 있는 모습의
벽화가 그려져 있다.
그 주인공은 바로 아난존자.
목숨을 걸고 치열하게
수행정진하여
깨달음을 갈구해야 한다는
교훈을 담고 있다.

육조혜능과 도명

응진전 외벽 처마 아래에는 얼핏 달마도와 비슷한 그림이 있다. 수염이 덥수룩하고 눈이 부리부리한 모습이 흡사 달마와 닮았지만, 실은 육조혜능 스님이다. 불교의 법맥은 석가모니부처님을 초조로 하여 가섭존자, 아난존자로 이어져 28대 달마대사로 이어진다. 그리고 달마대사는 선종의 초조가 된다. 다시 달마대사를 초조로 하여 2조 혜가, 3조 승찬, 4조 도신, 5조 홍인으로 이어지고 6조 혜능까지 내려온다.

6조 혜능은 한국 조계종의 원류이다. 혜능 스님은 5조인 홍인대사에게 깨달음을 인가받는다. 홍인대사는 혜능 스님에게 의발(가사와 발우)을 전하며 6대조로 봉封하였다. 그러나 혜능 스님은 절에서 방아를 찧던 행자로, 문하생들은 그가 의발을 전수받았다는 사실을 인정할 수 없었다. 그래서 혜능으로부터 의발을 뺏고자 길을 떠난 혜능을 쫓았다. 그중 혜명이라는 자는 장군 출신으로 기골이 장대하였다. 혜명은 대유령 고개에서 혜능을 발견하였고, 이에 놀란 혜능은 의발을 바위 위에 놓고 숲속으로 숨어 버렸다. 의발을 찾은 혜명이 의발을 가져가려고 하나 의발은 꼼짝도 하지 않았다. 혜명은 그제야 부처님의 뜻을 깨닫고 숲속에 숨은 혜능에게 법을 청하고, 혜능은 혜명을 위하여 법을 설하였다. 뒷날 혜명은 혜능의 '혜' 자를 피해 '도명'으로 이름을 고치고 평생 스승으로 존경했다.

응진전 외벽 처마 아래에는
얼핏 달마도와
비슷한 그림이 있다.
수염이 덥수룩하고
눈이 부리부리한 모습이
흡사 달마와 닮았지만,
실은 육조혜능 스님이다.

　벽화는 혜능과 도명의 이야기를 그대로 표현하고 있다. 도명은 원래
기골이 장대하다고 하나 벽화에서는 혜능에 비해 아주 작게 표현되어 있
는데, 이는 육신의 크기가 아닌 법의 크기를 말한 것이다. 쫓는 자는 오
히려 몸을 낮추고 쫓기던 자는 그 기세가 등등하니, 깨달음을 얻은 이의
당당한 풍모가 그대로 표현되어 있다.

상징과 비유　　　115

전각 속에 들어온 민화民畵

명부전의『삼국지』와〈수궁도〉

사찰 벽화에는 고전소설을 기반으로 하여 그려진 벽화가 다수 있다. 통도사에는 18세기에 그려진 용화전〈서유기도〉를 비롯하여 19세기 후반에 그려진 것으로 추정되는 명부전〈삼국지연의도〉와〈토끼전도〉가 현재까지 전해 오고 있다. 조선 후기 사찰 벽화에 소설도가 그려지게 된 이후로 많은 사람들이 고전소설에 관심을 가지는 사회적 분위기가 반영되었을 것으로 보인다. 통도사 명부전 외부 서측면 포벽에는『삼국지연의』의 내용이 두 폭에 걸쳐 그려졌다.

명부전 외부 서측면 포벽의 그림 상단에는 검은 바탕에 흰 글씨로 '서성월야탄금퇴위병'이라는 그림의 내용을 설명하는 화제가 쓰여 있다. 이는 '서성에서 달밤에 거문고를 타서 위나라 병사를 물리쳤다.'는 뜻으로『삼국지연의』「탄금주적」에 나오는 장면을 그림으로 그려 놓은 것이다. 그 옆에는 '차간유복룡봉추한제삼고'라는 화제가 쓰여 있다. 이는 '한나라 황제가 복룡과 봉추 중에 한 사람을 세 번 방문했다.'는 내용이다. 삼고초려에 나오는 장면으로『삼국지연의』중「적벽대전」과 더불어 가장 잘 알려진 내용이다.

　명부전 내부 서측면 벽 좌측에는 '수궁'이라는 화제가 쓰여 있다. 하늘에는 보름달이 떠 있고 파도가 치는 바다에는 물에 비친 달과 함께 기암이 솟아 있다. 물 위에 파란색 지붕을 내어 보이고 있는 용궁이 있으며 서기를 내뿜는 용과 토끼를 등에 태운 자라가 용궁을 향하고 있다. 이 장면은 『토끼전』의 제11 단락에 속하는 '토끼, 수궁행' 장면으로 '별주부의 등에 토끼가 올라 앉아 별주부가 물에 떠서 만경창파를 순식간에 들어가 수궁에 다다른다.'는 장면을 그림으로 표현해 놓은 것이다. 우리나라 사찰 벽화에 한국 고전소설이 그려진 예는 『토끼전』이 유일한데 이는 그만큼 이 소설이 대중에게 친숙한 이야기이자 당시 크게 유행했음을 짐작하게 한다.

　〈토끼전도〉의 '수궁행' 장면에 등장하는 용궁은 불교사전에 '용왕의 궁전, 물속이나 물 위에 있다고 하며 현세의 불법이 유행하지 않게 될 때에는 용왕이 용궁에서 경전을 수호한다.'고 되어 있다. 용궁을 무대로 한 많은 설화문학이 불교의 발상지인 인도에서 나타났으며, 한국에도 고려 태조의 이야기인 「왕건과 용녀」, 동부여의 「금와와 귀토지설」 등 용궁에 관한 설화가 많다. 이러한 계기로 조선 후기 고전소설 중 용궁을 주제로 한 『토끼전』이 벽화의 주제로 채택되어 그려졌음은 낯설지 않다. 명부전은 사람이 운명한 후에 염라대왕의 심판을 받는 곳으로 지장보살과 시왕을 모시고 있다. 19세기 후반부터 이러한 명부전을 민화의 소재로 가득 채움으로써 대중에게 편안하게 다가가는 공간으로 만들어 주었다.

용화전의 〈서유기도〉

『서유기』는 중국 고전소설로 당나라 태종 때 고승 진현장이 인도에 가서 불경을 가져오면서 겪은 갖가지 경험을 역사적 사실에 근거하여 쓴 소설이다. 우리에게는 '손오공'이 주인공으로 등장하는 소설로 익숙하다. 〈서유기도〉는 통도사 용화전, 불국사 대웅전, 용연사 극락전, 쌍계사 대웅전에 현존하고 있는데 그중에서도 통도사 용화전이 대표적이다. 용화전에는 11회, 12회, 81회, 84회, 87회, 94회의 여섯 장면이 7폭의 토벽에 그려져 있다. 내용을 살펴보면 11회 태종의 명으로 수륙재를 주관할 고승을 선발하는 장면, 12회 현장이 수륙대회를 베푸는 장면, 81회 선림사에서 요괴에 잡혀간 현장을 찾던 손오공이 삼두육비의 괴물로 변해 광분하는 모습, 84회 멸법국에 도착한 현장 일행이 승려들을 죽인다는 왕의 눈을 피하기 위해 궤짝에 들어가면서 일어나는 사건들을 표현한 장면, 87회 가뭄에 든 천축 변방의 봉선군에 비를 내리게 해 주겠다고 약속한 손오공이 천궁에 올라가 옥황상제를 만나는 장면, 94회 천축국 부마로 선택된 현장이 요괴의 정체를 밝히기 위해 왕궁으로 들어간 후

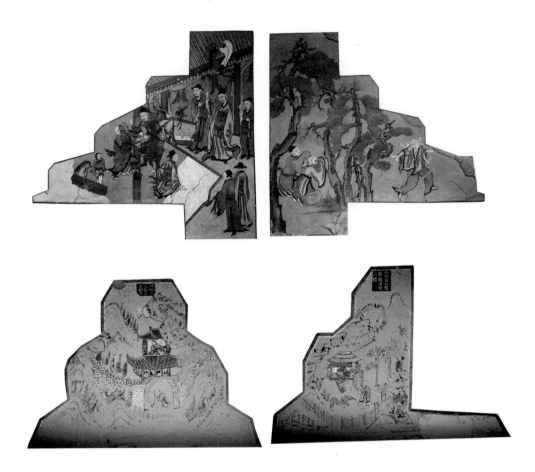

통도사 용화전
서유기도 중
〈난멸가지원대각도〉
〈흑송림삼중심사도〉

통도사 명부전
외부 서측면 포벽
삼국지연의도 중
〈탄금주적도〉
〈삼고초려도〉

요괴가 공주로 분해 손오공 일행의 방해를 피해 성 밖으로 나가게 해 줄 것을 왕에게 간청하는 장면이 담겨 있다.

통도사 해장보각
측면 외벽 처마 아래에
그려진 까치와 호랑이

해장보각의 까치와 호랑이

까치와 호랑이는 우리나라 민화에 자주 등장하는 주인공들이다. 호랑이를 단독으로 묘사하는 경우도 많지만 까치와 함께 해학적으로 그려 내는 것이 특징이다. 이는 해학적이고 풍자적인 민족의 정서가 반영된 것이라 볼 수 있다. 특히 소나무와 함께 등장하는 까치는 좋은 소식을 전해 주는 길조이면서 동시에 나라를 상징하는 국조이다. 또한 호랑이는 용맹함을 상징하여 액운을 막아 주는 벽사의 역할을 하는데, 까치와 호랑이는 나쁜 일은 막고 좋은 소식을 전한다는 길상의 의미를 지닌다.

그뿐만 아니라 불이문 천장의 호랑이와 코끼리도 특별한 조합이다. 머리를 맞대고 지붕을 받치고 있는 두 동물은 불교적이면서도 해학적인 모습이다. 응진전 내부 벽화에도 한국에서는 보기 드문 〈백호도〉가 그려져 있는데, 통도사의 유구한 역사 동안 당대 예술인들이 이곳을 화폭으로 삼아 기발함과 작품성, 그리고 불교의 가르침을 담은 예술의 보고를 만들어 냈음을 짐작할 수 있다.

통도사 석가여래괘불탱
조선 후기 (1767년)
삼베바탕에 채색
1,204×493㎝
보물 제1350호

400년 전, 불화佛畵 조성에 담긴 이야기

괘불탱화는 전각에 봉안되는 일반 불화와 달리 영산재靈山齋, 수륙재水陸齋 등 야외에서 개최되는
재齋나 의식儀式에 사용된다. 크기는 일반 불화와는 다르게 10m 내외의 대형으로 제작된다.

통도사에 현존하고 있는 괘불탱화 2점 중 1점으로 삼베바탕에 채색되었다. 좌우 성중들을 생략
하고 독존을 화면 중심에 크게 배치한 간략한 구도를 취하였으며, 상단과 좌우의 변邊에는 범자
문梵字文을 둘러 화면을 구획하였다. 원형두광圓形頭光을 따라 화사한 운문雲文이 둥글게 감싸고 있
으며, 주존主尊은 영락이 장식된 화려한 보관을 쓰고 있는 보살형으로 상체가 넓고 둥근 편이다.
두광은 녹색 바탕에 안에서부터 순서대로 육색, 주홍, 군청, 삼청 네 겹의 굵은 테두리를 두른 원
형두광을 취하고 있으며, 목이 굵게 묘사되어 상호는 세장細長한 느낌을 주고 있다. 머리에 쓰고
있는 보관에는 5구의 화불이 좌상으로 표현되어 있는데, 중앙의 여래는 지권인智拳印을 취하고
있다. 주존의 수인은 양손의 엄지와 중지를 맞대어 설법인을 취한 상태에서 오른손은 가슴 위로
들어올려 연화 가지를 들고, 왼쪽 손바닥으로는 연화 가지의 밑을 받치고 있다.

전반적으로 화려한 문양이 장식된 불의佛衣에 비해 모란꽃이 장식된 신광身光은 채색을 단순하게
처리함으로써 불신이 더욱 돋보이는 효과를 주고 있다. 조성에는 수화사首畵師 두훈斗薰을 비롯하
여 성징性澄, 열행悅幸, 통익通益, 수성守性, 정안定安 등 총 14인의 화사가 동참하였다.

이 괘불을 조성할 당시의 기문이 오늘날까지 전해 오는데, 그 내용을 살펴보면 당대 사람들이
얼마나 지극한 마음으로 불사에 동참하였는지를 엿볼 수 있다. 아래에 전문을 옮겼다.

건륭 32년 정해 9월일 개성괘불기시주명改成掛佛記施主名(1767년)

내가 늘 비로법계신의 몸이 광박하고 무변하여 그 한계를 특정할 수 없는 일과 일미 청정진여의 이치를 관하며 고요히 지내고 있었다. 어느 날 괘불 화주인 태활이 우리 부처님 석가여래의 장육금신을 그림으로 모시고자 한다며 나에게 은근하고 정성스럽게 기문을 청하였다. 내가 그에게 말하기를 "장육금신이라 함은 곧 비로자나 법계신의 그림자 중의 그림자인데 그림자 속의 그림자를 어찌 참이라 여기며 그 자취를 기록해 달라 하는가?" 하였다. 태활이 말하기를 "그림자를 통해서 참됨을 찾는다면 곧 비로법계의 몸을 친견하는 것이니, 그림자로써 참됨을 찾고 그 자취를 기록하여 후대에 전하는 것이 어떠하고 어떠합니까!" 하였다. 내가 말하길 "그대가 과연 이러한 뜻을 알고서 나에게 기문을 청하니, 그림자를 통해 참됨을 찾는다는 말이 이치를 벗어나지 않고 헛된 말이 아님을 알겠다. 그렇다면 비로법계의 몸을 본다는 말이 마치 『금강경』에서 '형상으로 나를 보려 하거나 소리로써 나를 찾는다면 이 사람은 잘못된 방법으로 수행하는 사람이라 끝내 여래를 볼 수 없으리라' 하신 것과, 또 조사의 말씀에 '세 부처의 형상과 위의가 모두 참됨이 아니라'는 말씀과 같다. 그대가 말한 '그림자를 통해 법계의 몸을 본다'는 것과 나의 '그림자로써 참됨을 찾는다'는 말이 이치에 어긋나지 않는다면 곧 한 덩어리의 구멍 없는 무쇠덩이며 육지가 모다 평탄해지는 경계와 같은 것이다."라고 하였다.

간략히 세 부처의 근본을 말할 것 같으면 '법신은 법계를 두루하고도 남아 그 크기를 특정할 수 없으니, 마음으로 헤아리면 어긋나고 생각이 움직이면 어그러진다. 다만 마음이 의탁할 것이 없게 되면 이치가 저절로 현묘하게 되는 경지요, 보신은 몸의 길이가 천장이며 화장세계에서 십지보살로 설법하는 경지며, 화신은 장육금신으로 사성과 육범이 모다 귀의하여 각각이 이익과 즐거움을 얻게 하는 경지이다. 이러한 이유로 우리 부처님께서 열반에 드신 뒤 중생들이 부처님을 흠모하여 그림으로 그려서 허공에 모셔다가 불사를 봉행하여 중생을 이롭게 하려는 것이다. 예전 본사에 모시던 괘불은 순치 6년(1649) 기축년이니 지금으로 118년 전이라, 그 세월만큼 바탕은 떨어지고 빛이 바래져서 새로 모셔야 할 즈음이었다. 병술년 12월 8일 성도재일에 바람에 떨어지고 손상을 입어 대중이 근심하였다. 그때 27세의 승 태활이 이 부처님과 인연이 있고 동래와도 인연이 있었고, 태활뿐 아니라 동래의 사람들도 태활과 인연이 있을 뿐 아니라 이 부처님과도 인연이 있었다. 이러한 이유로 시주와 화주가 되어 이 부처님을 모시게 된 것이다. 이전의 부처님이 118년을 중생들에게 무궁한 이락을 주셨듯이, 새로이 모신 부처님 또한 그보다 더 중생들에게 이익과 기쁨을 주실 것이며, 시주와 화주가 앞으로 받게 될 공덕은 또 얼마나 클 것인가. 나는 화주의 간절한 부탁을 받아 이와 같이 기록하여 후세들이 보고 느끼게 할 뿐이다.

정해년에 해동사문 응암희유 쓰다.

IV —

영축총림

총림의 어원에 대해서는 『대지도론』에 다음과 같이 말하고 있다. "승가를 번역하면 중衆이라고 한다. 많은 비구들이 한 곳에서 화합하는 것을 승가라고 한다. 비유하면 많은 나무가 모인[叢] 것을 숲[林]이라고 하는 것과 같다."라고 하였으며, 이 외에도 산스크리트를 인용하며 여러 가지 설명을 하지만 대체로 많은 대중이 울창한 숲과 같이 모여서 수행하는 것을 뜻한다. 현재 조계종단에서는 선원, 율원, 염불원, 강원 등의 수행도량과 교육기관이 갖추어진 곳을 총림으로 지정한다. 통도사는 선원, 율원, 염불원, 강원을 모두 갖추고 종단의 정식인가를 받았으며 각각 활발하게 운영되고 있다.

1990년대 초반
부도전을 정비하면서
건립한 총림문.
靈鷲叢林 편액이 걸려 있다.

영축총림靈鷲叢林

일제강점기 불교계는 신교육 우선 정책과 왜색화로 강원은 지방학림으로 전환되고, 선禪을 공부하는 수좌들은 선방에 기거하기도 어려운 상황이 되었다. 관권에 의탁하면서 종단과 사찰의 운영권을 갖고 있던 주지들은 점차 전통선원에 대한 인식이 희박해져 갔다. 그러나 통도사는 선원의 부흥과 전통강원의 설립에 이어 율부를 신설하면서 삼학을 구족하였고, 또한 현재의 염불원으로 일컬을 수 있는 '만일염불회'를 만들어 1953년까지 이어 나갔다. 일제강점기 통도사의 강원, 선원, 율원, 염불원은 오늘날 총림叢林의 출발이 되었다. 불교계의 지형에서 통도사의 이러한 행보는 수행도량의 참모습을 지켜 나가는 모범이 되었다.

통도사에는 1899년 7월 이전 백운선원이 존재하여 그 선맥을 이어 오고 있었다. 여기에 1899년 근대 최초의 선원으로 꼽히는 퇴설선원을 개설한 경허 스님이 통도사 백운선원으로 와 1900년 보광선원普光禪院을 개설하면서 경허 스님에 의해 주도된 정혜결사定慧結社와 만일염불회萬日念佛會 활동이 전해졌다. 이후 1914년 성해聖海 스님이 보광선원장이 되어 납자들의 화두참구를 지도하면서 통도사의 수선가풍修禪家風은 일신되었다. 1905년에는 통도사 내원암에 선원을 개설하여 방한암 스님을 조실로 추대하였고, 1916년에는 안양암 선원을 개설하여 서해담 스님을 조실로 추대하였다. 1926년에는 용성 스님이 망월사에서 열린 '만일참선결사회萬日參禪結社會'를 통도사 내원암으로 옮겼다. 이는 근대불교 초기 결사운동의 두 주축이던 경허 스님의 수선결사와 용성 스님의 만일결사가 모두 통도사로 그 맥이 이어졌음을 알 수 있게 한다. 통도사에서 선풍이 더욱 진작된 것은 1928년 경봉 스님이 극락암 선원을 개설하여 많은 청풍납자들이 수선안거하기 시작하면서였다. 통도사가 선풍을 크게 진작시켰다는 것은 1928년 발간된 전국선원 현황에서 전국 69개 선원 중 11곳이 통도사 본·말사에 개설되어 있었다는 자료에서도 확인할 수 있다. 통도사는 선원의 개설과 운영에서 모범을 보였을 뿐 아니라 강원의 설립과 교육에서도 불교계의 참모습을 보였다.

한국불교계의 전통교육기관인 강원이 통도사에 설립된 것은 1906년이었다. 성해 스님이 황화각皇華閣에 불교전문강원을 설립한 것이 그 출발이다. 성해 스님은 원장 소임을 보면서 10여 년간 후학을 양성했고, 황화각을 중수하여 1918년 6월 불교전수부佛敎專修部 대강당도 마련하였다. 불교전수부는 1941년에는 '통도사 전수학원'으로 불리며 초등학교를 졸업한 승려 자제 및 그 관계자를 수용하여 불교와 기타 승려로서 필요한 과목을 중심으로 중등학교 4년 정도의 보통학을 가르치던 교육기관이었다. 통도사는 불교전통교육기관인 불교전문강원의 개설에 그치지 않고 1918년 산내 말사인 옥련암에 서해담徐海曇율사를 강사로 하여 비구니 강원의 효시로 평가되는 니생강당尼生講堂을 설립하여 비구니에 대한 승려교육에서도 선구자의 모습을 보였다.

통도사는 1915년 가을 율부律部도 신설하였다. 이로써 통도사는 사내에 삼학을 갖춘 수행도량이 되었다. 통도사 율원의 시원은 신라의 자장율사가 통도사에 금강계단을 세워 우리나라 최초의 율원을 설립한 것으로 거슬러 올라간다. 승려들의 기강을 세우고 올바른 율법을 가르쳐 구족계를 받게 하려는 목적에서 세웠다고 전해지고 있기 때문에 율원이라는 표현을 사용하지 않았음에도 이를 최초의 율원으로 보고 있다. 출가를 위해서는 율사로부터 계를 받아야 하기 때문에 자장율사 이후 계맥이 전해졌음은 부인할 수 없는 사실이기 때문이다. 해담율사는 통도사의 계맥을 정리하기를 석가세존 - 문수보살 - 자장율사 - 조일율사 - 월송율사 - 졸암율사 - 삼학율사 - 해담율사 - 구하율사로 기록하였고, 구하율사 이후는 월하율사 - 청하율사 - 현산율사 - 혜남율사로 이어지고 있으니 통도사의 계맥은 오랜 역사 동안 면면히 이어져 오고 있음을 알 수 있다.

본격적으로 율원에 대한 기록이 나타난 것은 한국전쟁 직후다. 이전에 율사들에 대한 기록을 포함해 율장을 연구하고 실천했던 내용이 있기는 하나, 율원이라는 표현이 구체적으로 쓰인 것은 한국전쟁 직후 자운 스님이 통도사에서 율장을 공부하면서부터다. 이때 지관, 일우, 석암, 일타 스님 등 5~6명이 함께 공부하면서 천화율원千華律院이라는 이름을 사용했다. 천화율원은 이후 자운 스님이 수행처를 옮기는 과정에서 곳곳에 붙여졌고, 해인사에도 천화율원에 대한 기록이 남아 있다. 그러나 천화율원은 계율전문교육기관으로 인정받지는 못했다.

일제강점기에도 통도사에는 강원, 선원, 율원이 세워져 전통불교의 맥을 이어 오고 있었는데 조선 후기까지 존재하다 복원되지 못한 염불원의 모습도 찾을 수 있다. 1925년 3월 10일 경봉 스님이 염불당의 필요성을 강조하며 통도사 극락암 인근에 만일염불회를 만들어 이끈 것이 그 시초이다. 이후 근래에 통도사염불대학원이 설립되면서 염불의 맥이 내려오고 있다.

선원

근대 최초의 선원으로는 해인사 퇴설선원을 꼽는다. 퇴설선원은 경허 스님을 조실로 모시고 1899년 11월 동안거에 개설되었다. 경허 스님은 선수행의 가풍이 쇠퇴해 가는 것을 탄식하면서 수선정혜修禪定慧의 결사의 지를 다지고 〈정혜계사규례〉 30조항을 발표하여 결사의 청규로 삼았다. 이 결사에 동참한 대중은 어느 곳에서 수행하더라도 이를 반드시 이행하도록 하였다. 그 후 경허 스님은 곧바로 범어사에 들렀다가 통도사 백운선원으로 와서 1900년 보광선원普光禪院을 개설한 것으로 추정된다. 그렇지만 통도사에는 그 이전에 선원이 개설되어 있었음을 여러 기록을 통해 확인할 수 있다. 보광선원 개설에 앞서 통도사에는 이미 1899년 7월 이전 백운선원이 존재하고 있었다. 백운선원이 개설된 이후 1900년 보광선원이 개설되고 통도사의 수선가풍修禪家風이 일신되었던 것은 1914년 성해 스님이 보광선원장이 되어 납자들의 화두참구를 지도하면서부터였다. 이보다 앞서 1905년에는 통도사 내원암에 선원을 개설하여 방한암 스님을 조실로 추대하였고, 1916년에는 안양암 선원을 개설하여 서해담 스님을 조실로 추대하였으며, 1926년에는 용성 스님이 망월사에서 열린 '참선결사회參禪結社會'를 통도사 내원암으로 옮겼다. 당시 통도사 주지 송설우 스님은 성불암·금봉암·안적암·통도사 노전까지 용성 스님 관하의 선원으로 예속시켰다고 한다.

통도사에서 선풍이 더욱 진작된 것은 1928년 경봉 스님이 극락암 선원을 개설하여 많은 청풍납자들이 수선안거하기 시작하면서였다. 성해 스님의 선맥을 이은 경봉 스님의 가르침은 현재까지 제방선원의 청안납자들에게 전해지고 있다. 1931년에는 정금성(전강) 스님을 모시고 12월 6일 개당설법을 하였다는 기록(삼소굴일지)이 있으며, 1933년에는 방한암 스님에 이어 혜월 스님이 내원암 조실로 계시면서 수선납자들을 제접하여 27명의 대중을 이끌었다 하고, 1935년에는 백련암에 백련선원이 개설되어 석봉石峰 스님이 입승을 볼 당시 16명의 대중이 정진하였다고 한다. 1939년 각 선원과 선원들의 안거납자 수를 선학원 종무원에 보고한 바에 따르면 백련암 선원에서 27명, 내원암에서 32명이 정진하였다. 이후 1942년 통도사 주지였던 신태호 스님의 지도하에 보광선원의 안거대중이 120명이었다고 하니 통도사의 축산선풍이 크게 번창하였음을 보여준다.

통도사 본·말사 중 1928년 자료에는 결제 안거 중 선당이 지켜야 할 청규 절목에 대한 기록도 있다. 통도사 선당에서 실행한 청규 절목은 '① 활구活句참선으로 견성성불을 주지主旨하고 광도중생廣度衆生하는 것을 목적으로 함 ② 매월 초하루, 15일에는 종승宗乘을 게양함 ③ 외호外護 반원 이외의 선중은 기간 내에 동구洞口를 나가지 못함. 단 부모 사장師匠의 중병 또는 사망 시, 기타 중요한 사건에 한해서 종주화상이 승낙한 경우 이를 허가함'이었다.

현재 통도사에는 보광선원을 비롯해 극락암 호국선원, 서운암 무위선원 등의 비구선원이 운영되고 있으며 매년 두 차례 하안거(음력 4월 15일~7월 15일)와 동안거(음력 10월 15일~이듬해 1월 15일)를 실시하며 운수납자들이 모여서 방장 스님의 지도하에 정진하고 있다.

한 권으로 읽는 통도사

동안거 결제 법요식

안거 대중 스님들은
방장 스님의 법어를 청해 들으며
투철한 정진을 결심한다.

율원(율학승가대학원)

율원은 종단 기본 교육과정을 이수한 비구, 비구니를 대상으로 율장을 전문적으로 연구하며 청정지계의 가풍을 확립하게 하는 교육기관을 말한다. 율원 2년(석사) 과정과 연구원(박사) 3년 과정으로 교육기간이 설정되어 있으며, 율장의 전문적 연구 습의와 예참의 올바른 전승 및 율학을 전수할 율사 양성을 교육 목표로 삼고 있다.

통도사는 창건주이신 대국통 자장율사께서 부처님의 정골사리와 부처님의 친착가사 및 대장경 400여 함을 모시고 당나라에서 귀국해서 계단을 쌓고 전국의 모든 승려들을 통도사 금강계단을 통해서 득도시키고 전국의 모든 스님들이 여법하게 정진하는지를 지도하게 해서 신라불교의 기틀을 세우게 한 계율 근본 도량이다. 그리고 석가세존의 유훈을 이어받아 자장율사의 남산율맥을 계승하고 수행자의 청정지계 가풍을 확립하고자 발원해서 1950년대 조계종단 최초의 율원인 천화千華율원이 자운율사 등에 의해 이곳 통도사에서 시작되었다. 근대 통도사의 대율사이셨던 만하승림율사, 해담海曇율사, 회당晦堂율사, 월하月下율사, 청하율사, 현산율사, 그리고 현재 영축율원 율주이신 중산혜남율사에게로 율맥이 이어져 오고 있으며 2005년 4월 29일 종단 전문교육기관으로 개원되어 오늘에 이르고 있다.

지계제일持戒第一, 지계청정持戒淸淨, 지계섭화持戒攝化를 원훈으로 삼고 사분율장을 비롯한 제부의 『범망경』을 기본으로 한 대승계와 사미율의 등을 연구하며 엄정한 지계생활을 바탕으로 수행의 기초를 다지는 전문교육기관으로 율학을 연찬하고 졸업한 스님들은 수행과 포교와 종무 소임에

진력하고 있다. 또한 2007년 연구원이 3년 과정으로 개원되어 범망경보살계의 법장소와 천태소를 율주 스님의 지도하에 연구 번역하고 있으며 종단 전문교육의 좋은 귀감이 되고 있다.

염불원 (염불대학원)

일제강점기 통도사에는 강원, 선원, 율원이 세워져 전통불교의 맥을 이어 오고 있었는데 조선 후기까지 존재하다 복원되지 못한 염불원의 모습도 찾을 수 있다. 1925년 3월 10일 경봉 스님이 염불당의 필요성을 강조하며 통도사 극락암에서 '만일염불회'를 만들어 이끈 것이 그 시초이다. 염불당 모연금과 신도들이 내놓은 시주금으로 제위답을 한두 마지기씩 사들이기 시작하여 나락 50섬과 논 1만2천 평으로 시작하여 1953년 1월 1일에는 1만 일 동안의 염불을 회향했다. 그 사이 염불당이 백련암으로 옮겨지고, 한국전쟁의 어려운 상황이 계속되었을 때도 염불당은 이어지다가 2019년 2월 종단의 정식인가를 받은 2년 과정의 염불대학원이 개원되었다.

현재 염불대학원은 불교의식을 전공한 저명한 교수진을 갖추고 불교 전통의식을 연마하는 데 집중하고 있다. 특히 상용의식 및 재의식, 불전사물, 기본작법을 바탕으로 한 본과 과정과 상주권공재, 수륙재, 예수재, 작법, 복장, 점안의식 등 전문어산 과정을 실시하여 대한불교조계종 특수교육기관으로서의 역할을 다하고 있다.

강원(승가대학)

승가대학의 교육 기간은 4년이며 승가대학의 학제는 사미과, 사집과, 사교과, 대교과의 4단계 과정으로 되어 있다. 사미과는 초등학교, 사집과는 중학교, 사교과는 고등학교, 대교과는 대학 과정에 해당한다. 이러한 교과과정이 4년으로 제도화된 것은 1995년 이후이다. 교육원이 별원으로 출범하면서 전국의 강원들이 승가대학으로 인가되고, 학제와 교과과정이 동일화되었다. 통도사 승가대학은 전통경전교육을 중심으로 내전을 기본으로 수학하고 불교학개론, 인도불교사, 중국불교사, 한국불교사, 선종사, 유식 등의 외전을 겸수하고 있다. 그뿐만 아니라 시대의 변화를 수용한 영어회화, 요가실습 등의 특강도 겸학하여 보다 폭넓은 교육을 수행하고 있다.

강원생들의 하루는 새벽 4시에 시작된다. 통도사 승가대학은 간경을 중요시하며 하루 수행 일정 중 상당한 시간을 편성하였다. 간경 수행의 시작은 환성지안(喚惺志安, 1664~1729) 스님이 학인들을 제접할 때라고 전해진다. 간경은 칠판 교수법으로 진행되는 수동적인 현행 교육을 보완할 수 있는 교육방법으로 인식되고 있다. 간경은 불교적 세계관 확립과 확산, 실존적 문제 해결을 위해 필요하다. 일찍이 통도사는 그러한 학인 교육을 실행하며 변화하는 사회에 필요한 적극적이고 자발적 교육을 진행하고 있다. 통도사 강원의 학인들은 경전 등의 내전 공부뿐만 아니라 승려로서 갖추어 나가야 할 모든 분야에 대해 두루 배울 수 있는 여러 교화 활동을 동시에 하고 있다.

우선 통도사는 많은 전각이 있는 장점을 살려 학인들이 조석으로 각각의 전각에 예불을 하고, 또 사시공양을 직접 올림으로써 승려의 가장 기본적인 의식을 매일매일 몸소 실천하고 체득하고 있다. 한편 여름과 겨울 그리고 부정기적으로 열리는 모든 수련회에 강원의 학인들이 습의사로 참여하여 직접 신도들의 신행활동을 도우면서 함께 수행하고 정진하는 기회를 가질 수 있다. 아울러 다양한 행사가 봉행되는 통도사의 특성상, 수많은 신도들이 모인 대중행사가 어떻게 치러지는지를 직접 현장에 참여하여 살펴봄으로써 포교현장에서의 여러 상황을 체득함과 동시에 우리 불교가 나아가야 할 방향을 모색하는 기회를 가질 수 있다.

동안거 결제와 함께 시작되는 화엄산림에서 매주 토요일 저녁예불 후에 열리는 법성게 참여는 오로지 학인들만의 힘으로 기획하고 집행하는 것으로서 학인 스스로의 결정권과 학인 대중들의 화합에 많은 도움이 되고 있다.

영축총림은 이와 같은 수행도량과 교육기관을 갖춘 것 외에 외호대중으로 총무국, 기획국, 교무국, 재무국, 사회국, 포교국, 호법국 등 일곱 개 부서의 담당 국장과 과장 소임을 모두 스님들이 맡고 있다. 또한 매년 하안거와 동안거에 결제·해제 법요식을 거행하는데 총림의 방장 스님을 모시고 30여 명의 교역직 소임자와 100여 명의 재가 소임자, 350여 명의 수행 사부중이 결제에 임하니 대략 500여 대중이 결제에 든다.

승원의 일상

●

예불의식

통도사의 하루는 새벽 4시 도량석道場釋으로 시작된다. 소임을 맡은 스님이 목탁을 치고 도량을 돌며 새벽이 왔음을 대중에게 알린다. 통도사는 총림이라 강원과 선원, 율원, 염불원이 있는데 강원을 제외한 세 곳의 수행은 별도의 영역에서 각각의 수행 일과에 따라 하루를 시작한다.

도량석을 집전하는 스님은 오전 3시 40분경 먼저 금강계단 정문의 자물쇠를 풀고 들어가 참배를 하고 나서 촛불을 밝히고 불전에 다기 물을 올린다. 대웅전 앞에서 합장 반배한 다음, 4시가 되면 목탁을 울리기 시작한다. 어둠을 서서히 깨우기 위해 처음에는 작은 소리로 시작하여 천천히 소리를 키우게 되는데, 이렇게 올리고 내리기를 세 차례 반복한 다음 경내로 발걸음을 옮긴다. 목탁과 함께 법성게法性偈를 염송하며 도량을 한 바퀴 도는 동안 스님들의 거처에는 불이 켜지기 시작한다. 집전 스님은 대웅전에서 중로전 구역으로 이동하여 불이문을 거쳐 종각 근처까지 갔다가 극락전 앞으로 돌아 대웅전 앞 본래의 자리로 와서 선다.

부처님을 향해 절을 올리고 돌아서서 반대편을 향해 다시 처음처럼 목탁을 세 차례 올리고 내림으로써 도량석의 소임을 마치게 된다. 처음의 목탁이 부처님을 향해 고하는 것이라면, 대웅전을 등지고 울리는 목탁은 대중을 향한 의미이다. 이렇게 도량석을 마치는 데까지 15분 남짓 걸린다. 도량석이 끝나기 전 각각의 처소에서 스님들이 나오기 시작한다. 불전사물의 소임을 맡은 스님들이 줄을 지어 범종각으로 향하고, 새벽예불을 위해 설법전으로 향하는 스님들의 발걸음이 이어진다.

승가대학은
학인 스님들이 수학하는
승가교육기관이다.

한 권으로 읽는 통도사

예불 시간이 되면
학인 스님들이
범종각에서 사물을 친다.

도량석을 기점으로 한편에서는 불전사물을 울리고, 한편에서는 새벽예불 준비에 들어가는 셈이다. 이른 시간임에도 새벽예불에 참석하는 불자들이 있다. 사물을 다룰 스님들이 범종각으로 들어서고, 종두 소임자는 작은 종을 울리며 종송鍾誦을 염송한다. 염송을 마치면 고두장을 비롯한 여러 명의 소임자가 운판 → 목어 → 법고의 순으로 사물을 울린다. 마지막으로 4시 35분경이면 아래층의 스님이 대종大鍾을 타종하기 시작하여 총 28추를 울리게 된다. 도량석의 목탁 소리로 세상에 다시 날이 밝았음을 알린 다음, 이어 범종각의 사물을 울려 세상의 모든 존재를 어리석음에서 일깨우며 구제하는 법음을 전파한다.

통도사의 새벽예불은 오전 4시 40분경에 시작된다. 통도사는 총림이기에 새벽예불이 세 곳에서 나뉘어 거행된다. 사중 스님과 강원 스님들은 설법전에서 새벽예불을 올리고, 선원과 율원은 각각의 법당에서 새벽예불을 올린다. 법당에 대중 스님들이 모이고 불전사물의 범종 소리가 끝나 가면 종두 스님이 법당 안의 소종을 울린다. 작은 소리로 시작하여 점차 큰 소리로 오르고 내리기를 3회 정도 반복한 다음 경쇠를 울림과 동시에 모두 기립한다.

통도사의 예불은 먼저 그날의 창불패를 받은 소임자가 다게를 올리면 대중은 선창의 한 소절을 이어 받아 '원수애납수'부터 함께 한다. 예불은 창불자가 한 구절을 선창하고, 대중이 후창을 계속 이어 나가는 방식으로 진행된다. 칠정례를 하는 일반적인 예불과 달리 통도사는 예경으로 11정례를 올린다. 새벽예불은 '다게 - 11정례 - 행선축원 - 반야심경 - 송주 - 입정'으로 구성되어 있으며 약 30분에서 35분 동안 이어진다.

설법전의 새벽예불을 마치고 나면, 강원 스님들이 각자 맡은 전각으로 가서 예불을 올린다. 먼저 청수를 올리고 삼정례의 예경과 기도로써 통도사의 모든 법당에 아침 문안인사를 마치게 된다.

저녁예불은 하루 일과를 어느 정도 마무리하고 저녁공양을 마친 다음 오후 6시 20분경에 올린다. 저녁예불을 올리는 법당의 순서는 새벽예불 때와 반대이다. 각 전각마다 소임을 맡은 스님이 들어가서 예불을 올린 다음 마지막으로 설법전에 대중 스님들이 모여 저녁예불을 올리는 것이다.

통도사의 설법전은 불상을 봉안하지 않고 부처님 진신사리를 모신 금강계단을 향해 있다. 곧 석가모니불을 주존으로 모신 법당이기 때문이다. 따라서 아침에는 높은 담부터 인사를 올려 낮은 담으로 내려왔다면, 저녁에는 낮은 담부터 시작해 높은 담에서 마치는 것이다. 이는 가장 큰 어른께 맨 처음과 마지막에 인사를 올리는 뜻을 담고 있다.

저녁예불을 올리기 전에 아침과 마찬가지로 범종각에서 사물을 울린다. 오후 6시가 되면 불전사물의 집전을 맡은 스님들이 범종각으로 가서 먼저 작은 종을 울리며 종송을 염송한다. 이어서 고두 소임자들이 새벽예불 때와 반대로 법고 → 목어 → 운판 순으로 사물을 울린다. 마지막으로 아래층의 종두 소임자가 대종을 타종하기 시작하여 총 33추를 울리게 된다. 설법전에 대중 스님들이 모이고 불전사물의 범종 소리가 끝나 가면 종두 스님이 법당 안의 소종을 울리며 저녁예불의 시작을 알린다. 오후 6시 20분경 저녁예불을 시작하여, 오분향례를 하고 예경으로 11정례를 올린다. 이어 반야심경을 염송하고 상단에 예를 올린 다음 저녁예불은 비교적 짧게 끝난다.

안행하는
율원 스님들의 모습

한 권으로 읽는 통도사

조석예불과 공양을 제외한 시간에는 일정한 시간을 정하여 참선·간경·염불·포행布行 등으로 일상의 정진을 행한다. 특히 '삼문수업'이라 하여 한국불교에서는 조선 중기 이후 경전 수업·염불 수업·참선 수업을 세 가지 문으로 삼아 수행하고 있다. 통도사와 같은 총림에는 승려생활을 익히고 교학을 공부하는 강원, 참선을 주로 하는 선원, 율장을 공부하고 연마하는 율원, 염불원 등이 갖춰져 있다. 따라서 각 소속에 따라 나누어 정진하고 있다.

통도사에서는 원통방 뒤에 자리한 전통 공양간에서 아궁이에 장작으로 불을 지펴 가마솥에 밥을 짓는다. 네 개의 아궁이마다 150인분 정도의 밥을 지을 수 있는 커다란 가마솥이 걸려 있는데, 그중 하나는 불전에 올리는 마지 공양만 짓는다. 이처럼 밥 짓는 일은 강원의 학인 스님들이 책임지고 있다. 공양간의 소임을 맡은 공양주 중에 불전에 올릴 마지 공양을 짓는 이를 노공이라 하고, 대중의 공양을 짓는 스님을 반두飯頭라 하는데 상반두와 하반두가 짝을 이루며 공양간 소임 행자와 함께 밥을 짓는다.

아침공양을 조공, 점심공양을 오공, 저녁공양을 약석이라 하여 각 오전 6시, 오전 11시 30분, 오후 5시 30분에 공양하고 있다. 이와 함께 오전 10시부터는 각 전각에 마지를 올리게 되므로 하루에 4회씩 밥을 짓게 된다. 특히 안거 기간에는 아침을 발우공양으로 하고 있어 이때는 더욱 공양 준비에 신경을 쓰게 된다.

　반두 스님들은 아침공양을 짓기 위해 매일 새벽예불을 마치고는 공양
간으로 온다. 제일 먼저 조왕단竈王壇에 촛불을 켜고 향을 피워 하루의 무
사를 기원한 다음, 행자 스님은 쌀을 씻고 하반두 스님은 아궁이에 불
을 지피고, 상반두 스님은 쌀을 솥에 넣고 관리하는 일을 맡아 밥을 짓
는다. 법당에 올릴 마지는 아침 수업이 끝나는 대로 준비하여 짓는다. 공
양간 바깥의 좌우 벽에는 각 전각의 명칭을 적은 판이 있고, 그 아래에
탁자를 마련하여 순서대로 마지그릇을 진열해 둔다. 따라서 밥이 완성
되면 큰 통에 담아 이곳에서 불단에 올릴 마지를 퍼서 담고, 오전 10시가
지나면서부터 각 전각에 마지를 나르고 올리는 일을 모두 강원의 학인
스님들이 맡는다. 이 무렵은 전각마다 기도 스님과 신도들이 예불을 올

리고 있어 사찰이 본격적으로 살아 움직이기 시작하는 시간이다. 마지
는 대웅전으로부터 시작하여 맨 마지막으로 삼성각에 올리면서 끝을
맺는다.

이러한 별도 소임을 제외하고 스님들은 점심공양 때까지 50분 정진에
10분 경행 또는 휴식으로 정진하고, 오후에는 강원·선원·율원의 일과
에 따라 오후 정진을 한다. 그런가 하면 대웅전에서는 사분정근이라 하
여 매일 네 차례의 기도를 봉행하고 있다. 이 기도는 새벽예불 후 2시간,
아침공양 후 2시간, 점심공양 후 2시간, 저녁예불 후 2시간씩 하루를 사
분하여 올리는 것으로 매일 8시간의 기도정진을 하고 있으며 현재는 여
러 차례 천일기도를 겸하여 실행하고 있다.

발우공양

　발우공양은 밥 먹는 일을 수행의 일환으로 여겨 일정한 법식에 따라 음식을 발우에 담아 먹는 승가의 전통 식사법이다. 결제 중의 통도사 발우공양을 살펴보면 방장 스님을 비롯하여 강원, 율원, 선원, 종무소의 소임자까지 많은 스님들이 참석한 가운데 대방인 원통방에서 행해진다. 공양이 시작되기 1시간 전부터 학인 스님들이 원통방의 발우공양 준비를 시작하고, 공양 시작 20분 전에 스님들이 들어와 선반에 놓인 자신의 발우일습을 내려 각자의 위계에 따른 자리에 앉는다. 통도사에서는 여느 사찰과 마찬가지로 일상의 발우공양을 할 때 사용하는 의식으로『소심경』을 근간으로 삼는 가운데 좀 더 간략하게 재편하여 사용하고 있다.

　발우공양의 모든 절차는 입승 스님의 죽비로 이루어지며, 절차마다 그에 해당하는 게송을 함께 염송한다. 먼저 발우를 펴는 전발에서는 어시발우, 국발우(보시발우), 청수발우(천수발우), 찬발우(연각발우)의 사합으로 이루어진 발우를 펼쳐 놓는다. 공양을 나누고 마음에 새기는 행반行飯·수식受食·오관五觀이 이어진다. 학인 스님들이 중앙에 4개씩 놓인 청수 주전자, 공양통, 국통을 순서대로 하나씩 들고 가서 각 스님들의 발우에 나누기 시작한다. 공양물은 청수, 밥, 국, 반찬의 순서로 나눈다.

　이어 공양을 받아 합장하고 <봉발게>를 염송하고, 음식을 들기 전에 수행자로서 다섯 가지 사항을 깊이 새기는 <오관게>를 염송한다. 6시가 넘으면서 공양이 시작되어 마무리할 때쯤 학인 스님이 숭늉을 돌린다. 어시발우에 숭늉을 받고, 국발우에 숭늉을 조금 부어 한 조각 남긴 무나 김치로 닦아 먹는다. 마찬가지로 찬발우·어시발우에도 음식 찌꺼기를 남기지 않는다. 이어 청수로 발우를 깨끗이 씻는 절수絶水, 발우를 거두는 수발收鉢로 이어진다. 그릇을 닦은 마지막 청수는 한 톨의 찌꺼기도 없이 깨끗하여, 퇴수기에 모아 굶주린 아귀를 위해 부어 주게 된다. 6시 30분경 죽비를 세 번 치면 합장 반배하고 발우공양을 모두 마친다.

오전 10시가 되면
각 전각에 마지를 나르고
올리는 일을 한다.
이를 마지 공양이라 한다.

V

위대한 고승

한 권으로 읽는 통도사

고승의 진영을 모신 전각, 영각影閣

영각은 역대 주지 및 큰스님들의 진영을 봉안한 건물로 정면 8칸 측면 3칸의 긴 장방형 평면으로 된 팔작집이다. 초창 연대는 분명치 않으며 현재의 건물은 1704년(숙종 30)에 지었다고 전한다. 처음에는 영자전이라 불리다가 여러 차례 중수를 거쳐 오늘에 이르고 있다. 현재 통도사 영각에는 88점의 역대 스님의 진영이 모셔져 있으며, 이들 중 절반 이상이 경상남도 유형문화재로 지정되어 있다.

통도사는 음력 설에 이곳에서 역대 조사스님들께 새해 인사를 올리고 한 해를 시작한다. 또 해마다 영다례를 거행하며 그 은덕을 기리고 있다. 이들 진영 중에는 통도사 스님이 아닌 분도 몇 분 계신데, 당시 기록을 살펴보면 통도사 영각에는 문중 스님뿐만 아니라 그 공덕이 수승하고 수행의 본분사를 다하는 스님들의 진영을 모시면서 후학들에게 귀감이 되도록 하였다는 내용이 있다. 현존하는 진영각 중 가장 많은 진영을 모시고 있기 때문에 한국불교사를 연구하는 데 중요한 사료가 되고 있다.

위대한 고승

왜적이 훔쳐간 사리를 되찾다,

사명유정 泗溟惟政, 1544~1610

임진왜란 때 일본군이 통도사에 모셔진 부처님 사리를 약탈해 갔는데 일본에 잡혀갔던 동래군 옥백玉白거사가 되찾아와 유정 스님에게 맡겼다. 스님은 "본래 있던 통도사에 다시 모셔라."는 서산대사의 지시를 받아 통도사의 사리탑을 중수하고 다시 모셨다. 1601년(선조 34) 봄 잠연 스님에게 전쟁으로 불타 버린 통도사의 불이不二ㆍ천왕天王ㆍ일주一柱 세 문과 대웅전을 중수할 것을 강력히 지시하여 대웅전을 수리하고 불이문과 천왕문도 수리했다. 1603년(선조 36)에는 황폐해진 금강계단을 수리하라고 지시하여 6월에 계단을 수리한 뒤 직접 〈만력계묘중수기〉를 썼다. 그리고 신감 스님에게 관음전을 중수하라 부탁해 관음전을 중수했다. 임진왜란으로 불탄 통도사의 대웅전과 세 문을 중수하고 금강계단을 수리하여 부처님 사리를 다시 모시도록 지시한 유정 스님의 업적에 대해 서산대사는 "공덕을 말하자면 유정 스님이 자장 스님 못지않다[論諸功德惟政不下慈藏也]."라고 했다.

불탄 통도사를 재건하다,

우운진희友雲眞熙, ?~1694

1645년(인조 23) 통도사 대웅전을 중창하고 1650년(효종 1) 취운암을 창건하고 1652년(효종 3) 금강계단을 중수했다. 스님은 임진왜란 이후 폐허가 된 통도사에 대웅전과 금강계단을 중수하여 통도사의 위상을 다시 세웠다. 스님의 복원 불사는 뒷날 통도사를 다시 창건했다는 평가를 받는다.

1649년(인조 27) 통도사에서 간행한 『묘법연화경』의 교정을 맡았고, 1674년(현종 15) 통도사 은입사향로 제작에 참여했으며, 1675년(숙종 1) 통도사 대웅전 건립과 계단 복원 역사와 석가여래의 가사 전래 내역을 담은 『통도사사리가사사적약록』의 중간을 주도했다.

스님이 활동하던 시기에 통도사에는 계월학눌의 또 다른 제자인 호감혜침 스님이 함께 활동했으며 이후 우운진희의 제자인 한계신묵, 무영축환과 호감혜침의 제자인 낙운지일, 임한청인, 회진의심 등이 18세기 후반까지 통도사의 주요 불사에 도움을 주었다. 스님은 어머니에게 지극히 효도를 했으며, 통도사 스님들은 중창조라 부르는 진희 스님의 어머니 묘를 전통적으로 벌초해 왔다.

1694년(숙종 20) 통도사에서 입적했다. 다비를 하자 정골사리 2과와 사리 9과가 나왔다. 1694년에 세운 소요문인우운당진희대사비와 우운당진희부도가 통도사 부도전에 있다.

화엄과 선의 일치,

환성지안喚惺志安, 1664~1729

조선 후기 화엄과 선의 일치를 주장한 환성파의 시조로서 대흥사 13 대 종사宗師 가운데 6대 선지식이다. 스님이 대흥사에 머물 때 부처님께 공양을 올렸는데 공중에서 스님의 이름을 부르는 소리가 세 번이나 들려 세 번 답했다. 이로 인해 자를 '삼낙三諾'이라 하고 법호를 '환성喚惺'이라 하였다. 통도사에는 스님이 쓰던 송락이 전해져 오고 있으며 백련암 강설루에 스님이 1719년(숙종 45) 3월에 직접 쓴 시 두 편이 새겨진 현판이 걸려 있었다. 또한 1728년(영조 4)에 스님이 쓴 〈통도사견역복구비서〉가 있다. 1875년(고종 12) 용악보위 스님이 쓴 〈통도사백련정사만일승회기〉에 "환성조사가 이곳에 주석하고 호암대사가 뒤를 이어 여러 강백들이 계승했다[喚惺祖之卓錫虎巖老之竪拂]."는 기록이 있다. 통도사에는 1930년대까지 환성의 법손들이 계를 조직한 환성종계喚惺宗契가 있었다.

1799년(정조 23) 영월우징影月禹澄 스님이 주관하여 화승 옥인玉印 스님이 조성한 통도사 환성 스님의 진영 뒷면에는 "환성 3대의 진영을 4대 후손이 열어 천년 동안 편안하게 법손에게 영원토록 이어지게 하네[喚惺三代影四代後孫開安位千載下法孫濟濟來]."라는 짧은 찬문이 적혀 있다. 진영에 적힌 찬문 내용대로 통도사에는 환성 - 호암虎巖 - 용파 3대로 이어지는 진영이 모셔졌다.

통도사 주지 구하九河 스님이 1912년 2월 20일 인가를 신청하고 9월 30일 조선총독부로부터 인가를 받은 〈통도사본말사법〉 제17조에 본사의 주지는 환성지안선사의 법윤法胤이어야 한다고 했으며, 제18조 말사의 주지도 환성지안선사의 법윤이어야 한다고 했다. 통도사의 본말사 주지는 환성지안의 후손이어야 한다고 법으로 정할 정도로 통도사 스님들은 환성지안 스님의 문중임을 명확히 하고 있다.

각종 노역에서 스님들을 해방시키다,

덕암혜경 德巖蕙憬

법명은 혜경蕙憬, 호는 덕암德巖이다. 1857년(철종 8) 응향각을 중창할 때와 1866년(철종 3) 안양암을 중수할 때, 1868년(고종 5) 보상암을 창건할 때 불사에 동참했다. 당시 통도사 스님들은 종이를 만들어 국가에 납부하는 지역紙役으로 많은 고초를 겪고 있었다. 스님은 권돈인(權敦仁, 1783~1859)과 가까운 사이였는데 권돈인이 영의정이 되었다는 소식을 듣고는 종이부역 면제를 요청해야겠다고 생각했다. 도성 출입이 금지되던 시절이라 스님은 6개월 동안 머리를 기르고 도성에 들어갈 수 있었다. 스님은 물장수로 위장하여 권돈인의 집에 들어가 통도사에 대한 종이부역을 면제해줄 것을 요청해 마침내 종이부역을 면제받았다.

통도사 종이부역을 면제받도록 한 혜경 스님의 공덕을 1884년(고종 21) 의순 스님이 돌에 새겨 덕암당혜경지역혁파유공비를 세웠다. 비문에는 "우리 스님 이전은 계란을 쌓은 듯 불안했으나 우리 스님 이후는 태산처럼 편안하다. 천 리 서울 길을 홀로 갔다 오시니 보리수에 봄이 돌아오고 그늘이 드리우고 나무가 우거지네[我師之前累卯之團我師之後泰山之安千里京洛單獨還春回覺樹蔭陰]."라고 쓰여 있다.

한반도 개화의 선봉장,

이동인李東仁, 1849~1881

법명은 천호淺湖이며 스님이지만 이동인이라 불러 온다. 1849년(헌종 15) 경상도 양산군에서 태어나 어릴 때 스님이 되었다는 것만 알려져 있을 뿐이다. 스님이 통도사 출신이라는 이야기는 통도사 스님들에게 전해져 오고 있으며, 서재필의 회고록에도 '이동인은 통도사 스님'이라 하였고, 일본 해군이 편찬한 「일청일로전역시日淸日露戰役時의 청한지명위치淸韓地名位置」에 '통도사 불승 이동인'이라 기록하고 있으며, 일본 쵸야신문 1880년 11월 14일자 기사에 '축령산의 스님 광명대사 석이동인'이 있다.

양산 통도사에서 머물다 1860년(철종 11)경부터 서울 신촌 봉원사에서 활동했다. 1877년(고종 14) 일본 정토진종 혼간지가 부산에 별원을 설치하자 이듬해 부산별원을 여러 차례 방문해 원주院主인 오쿠무라 엔신 스님과 교류했다. 1879년(고종 16) 9월 오쿠무라와 일본영사관 마에다 켄키지의 도움으로 일본으로 밀항해 교토 혼간지本願寺에서 일본어와 정치·경제 등을 배웠다. 1880년(고종 17) 4월 일본 진종의 승려가 되었으며 주일 영국외교관과도 접촉하였다. 8월에 수신사로 온 김홍집金弘集을 도쿄에서 만나 친교를 쌓고 김홍집과 함께 귀국했다. 귀국 후 김홍집은 민영익閔泳翊과 고종에게 이동인을 소개했고 1880년 말 고종의 밀사가 되어 일본에 파견되기도 했다. 서울로 돌아와 별선군관이 되어 왕궁을 출입하고 이후 통리기무아문의 참모관으로 1881년 신사유람단을 일본에 보낼 때에도 영향을 미쳤으며, 총포와 군함을 구입하기 위해 일본과 비밀교섭을 하기도 했다. 1881년 신사유람단으로 일본에 파견되기 직전 갑자기

사라져 행방이 묘연하다.

근대 중흥조,

구하천보九河天輔, 1872~1965

법명은 천보天輔, 호는 구하九河이며, 자호는 축산鷲山이다. 1872년 5월 7일 울주군 두동면 봉계리에서 출생했다. 1884년 12월 13세에 천성산千聖山 내원사內院寺로 입산해 1886년 3월 3일 통도사 경월도일慶月道一 스님을 스승으로 득도했다. 1889년 경월 스님으로부터 사미계를 받고 '천보'라는 법명을 받았으며 범어사 의룡 스님에게 외전外典을 수학했다. 1892년 통도사 해담 스님에게 서장·도서·선요·절요 등을 배우고, 1894년 예천 용문사龍門寺 용호龍湖 스님을 찾아가 능엄·기신·반야·원각경을 수학했다. 1896년 4월 8일 통도사에서 만하승림萬下勝林 스님을 계사로 구족계와 보살계를 받았다. 1897년 진주 대원사 영호 스님에게 화엄·삼현·현담·십지·염송을 배웠고 고승을 찾아다니며 선과 교학을 두루 닦았다. 1899년 취운암의 조실이 되어 교리를 설했다. 1900년 통도사로 돌아와 성해 스님의 전법제자가 되어 '구하'라는 법호를 받았으며 산중의 크고 작은 소임을 맡았다. 1905년 통도사 옥련암에서 정진하던 중 깨달음을 얻었다.

1906년 일본 불교계를 시찰하는 대표단에 포함되어 일본 불교를 둘러보고 돌아왔다. 1909년 명신학교, 오늘날의 하북초등학교를 설립해 학감이 되어 인재를 키웠다. 1911년 통도사 주지로 취임하여 1925년까지 주지를 연임했다. 1912년 통도사 주지로 있으면서 각 방房 소유의 전답과 전궤의 엽전까지 사중 재산으로 만들어 통도사 재정을 개혁했다. 31본산주지연합회장과 중앙학림장을 맡아 불교계의 유신을 위해 힘썼으며 교육과 개혁에 필요한 자금을 마련하기 위해 여러 사업에 투자하기도 했다. 1917년에는 불교중앙학림(지금의 동국대학교) 학장을 맡았으며 1920년에 금융회사인 의춘신탁을 설립하고 울산 소재 삼산자동차에 투자하였고, 부산 영도에 소재한 도자기회사와 조선소에 주주로 참여하기도 했다.

1917년 8월 31일부터 9월 23일까지 30본산연합사무소 위원장으로 본사 주지들과 함께 일본 불교계를 시찰했으며 일제강점기의 엄혹한 상황에서도 상해임시정부에 군자금을 보내었다. 1919년 11월 15일 중국 상해에서 12명의 승려들이 대한승려연합회 독립선언서를 발표했다. 1919년 독립운동자금을 지원하고 백산상회 안희제와 범어사 김상호를 통해 통도사 수십 년의 사찰 운영비에 해당하는 독립지원자금을 임시정부에 전달했다. 1920년 4월 28일 동아불교회를 설립하여 불교계 항일단체로서 활동을 시도했다. 불교개혁과 사회지식을 위해 1920년 불교지 「축산보림鷲山寶林」을 창간하고 1921년 「조음潮音」을 발행했다.

1913년에는 통도사 불교명신학교를 설립했다. 스님은 전법도량 건립 사업으로 1912년 마산포교당 정법사와 대자유치원 설립을 시작으로 1922년 진주포교당 연화사와 유치원, 창녕포교당 인왕사, 1924년 양산 물금포교당, 1927년 언양포교당 화장사, 1929년 창원포교당 구룡사, 1930년 의령포교당 수월사, 1932년 부산 연등사, 1936년 울산포교당 해남사 및 동국유치원, 1940년 양산포교당 반야사 등 수많은 포교당과 유치원을 설립하였다. 스님의 포교당 건립은 주지가 바뀌어도 계속되었다. 1915년 통도사가 조선총독부에 신고한 포교당과 조선총독부 관보 등을 살펴보면 31곳이었다.

교육사업에 관심을 기울여 1932년 입정상업학교(오늘날 부산해동고등학교)를 설립하고 1934년 통도중학교(오늘날 보광중학교)를 설립했다. 스님은 많은 스님을 일본에 보내어 신교육을 받도록 하고 민족사상을 고취시키는 일을 했다. 역경譯經에도 관심을 가져 1935년 해인사, 범어사와 함께 세 사찰이 해동역경원을 개원하고 역경원장으로 역경사업을 이끌었다. 스님은 조선총독부와 친일단체의 외압으로 모든 소임을 내려놓고 금강산으로 순례를 떠났다. 이때 쓴 글이 『금강산관상록』이다.

구하 스님은 대한제국에서 일제강점기 초에 불교 개화와 근대화에 힘을 쏟았고, 항일과 친일의 경계에서 줄타기하는 시대를 보내면서 통도사 주지로 독립운동을 지원하는 행보를 보였다. 일제강점기 통도사에 항일운동을 한 많은 스님들이 있었는데 이들 가운데 김구하·오택언·양대응·조병구·김말복 스님을 통도오절通度五節이라 불렀다. 스님은 임시정부에 독립자금을 비밀리에 전하고 독립운동에 나선 스님들에게 도피자금과 피난처를 제공했다.

스님은 글씨에도 이름이 나 통도사 곳곳에 글씨가 남아 있다. 영축산 문을 바라보면 왼쪽에 '산문금훈주山門禁葷酒'를 쓴 돌기둥이 있다. 사찰에서는 냄새나는 채소 곧 오신채와 술을 금지한다는 내용이다. 일주문 입구 좌우에는 '이성동거필수화목異姓同居必須和睦' '방포원정상요청규方袍圓頂常要清規'를 쓴 돌기둥이 나란히 있다. '성이 다른 사람이 함께 머물자면 반드시 화목이 필요하다. 가사를 입고 머리를 깎았으면 항상 계율을 지켜야 한다.'는 의미다. 문집으로는 『축산문집』과 『금강산관상록』이 있다.

1965년 10월 3일 보광전에서 "나 이제 갈란다. 너무 오래 사바에 있었어. 그리고 다시 통도사에 와야지." 하시고 입적하니 세상 나이 94세, 승

려 나이 76세였다. 종단장으로 5일장을 치르고 다비를 하니 한밤에 서기
로운 광명이 비치었다.

"야반삼경에 대문 빗장을 만져 보거라",

경봉정석 鏡峰靖錫, 1892~1982

법명은 정석靖錫, 호는 경봉鏡峰, 자호는 원광圓光이며, 속명은 김용국金鏞國
이다. 1892년 4월 9일 경남 밀양시 내일동에서 태어났다. 어려서부터 총
명하여 7세에 한문서숙에서 유학을 배웠다. 15세에 모친상을 당하여 인
생무상을 느끼고 1907년 6월 9일 통도사 성해 스님을 은사로 득도했다.
1908년 통도사 명신학교에 입학하여 1911년 졸업했다. 1912년 불교전
문강원에 입학해 한용운 스님에게 『화엄경』을 배웠으며 1914년 졸업했
다. 1915년 금강계단에서 서원을 세우고 내원사 혜월慧月 스님을 찾아 법
을 묻고 해인사 퇴설당·금강산 마하연·석왕사 내원선원 등에서 선을
수행했다. 1917년 마산포교당 포교사로 파견되었으며 1919년 내원사 주
지로 취임했다.

1925년 극락암 양로만일염불회를 창설하고 회장에 추대되어 헌신하
면서 참선에 더욱 정진하였다. 1927년 극락선원 화엄산림 법주로서 용
맹정진하던 중 4일째 갑자기 시야가 트이면서 천지간에 오롯한 일원상
이 나타나는 신이한 경지가 나타났다. 7일째인 12월 13일 한밤에 촛불
이 춤추는 것을 보고 크게 깨달아 "내가 나를 온갖 것에서 찾았는데 눈
앞에 바로 주인공이 나타났네. 허허 이제 만나 의혹 없으니 우담발화

꽃 빛이 온 누리에 흐르누나[我是訪吾物物頭 目前卽見主人公 呵呵逢着無疑惑 優鋒花光法界流]."라고 게송을 읊었다. 이후 방한암·김재산·백용성 등 당시 선지식에게 널리 물었고 평소 수행은 보조국사 지눌의 영향을 많이 받았다. 1930년 2월 25일부터 낙산사 홍련암에서 삼칠일 관음기도를 시작한 지 11일째 꿈속에서 백의관음이 바다를 건너 눈앞에 이르는 가피를 입었다.

1932년 1월 31일 불교전문강원 원장으로 취임하고 보광선원의 해제법문과 각종 법회에서 법문을 설했다. 1935년 9월 19일 통도사 주지가 되었으며 1937년 삼성반월교를 낙성했다. 1946년 1월 24일 선학원 원장이 되어 수행방법의 전환과 교단혁신을 위해 노력했지만 종단에서 적극 수용하지 않자 1946년 12월 3일 불교혁신총연맹위원장을 맡아 개혁을 주도했다. 1949년 4월 25일 통도사 주지가 되어 총림을 건설하고 포교사업 및 토지 산림을 투명하게 관리하고자 했다. 한국전쟁 중에도 스님은 수행과 설법에 전념했고 1953년 2월 30일 크게 깨달음을 얻었다. 1953년 11월 3일 통도사 극락호국선원 조실로 추대되었으며 동화사와 내원사 등 여러 선원의 조실을 겸했다.

조선독립 위한 의열단원,

신화수 申華秀, 1896~?

경남 고성군 영오면 오서리에서 태어나 통도사 말사인 고성 옥천사에서 출가했다. 통도사에 있던 스님은 오택언이 서울에서 보낸 독립선언서

4부를 받아 1919년 3월 13일 통도사 신평독립만세운동에 사용했다. 서울로 피신해 1919년 4월 김상옥과 함께 동대문교회 영국인 전도사 피어슨Pearson 여사 집에서 혁신단革新團을 조직하고 집총대장을 맡았다. 1919년 11월 중국에서 김원봉을 중심으로 의열단이 만들어질 때 스님은 12월 서울에서 김상옥 등과 함께 총독 및 일인고관, 민족반역자 등을 숙청하기로 결심했다.

1920년 중국 길림에 근거지를 둔 대동단은 제암리학살사건을 조사하기 위해 미국 의원단이 경성에 도착하는 8월 24일 일본 총독과 친일파를 암살하기로 계획했다. 그러나 김상옥의 비밀벽장에서 암살단 취지문과 암살단 명부, 권총 케이스 등이 발견되어 거사 전날 동지들이 검거됐다. 스님은 대동단의 육혈포암살단사건으로 체포되었다. 조선군정서에 가맹해 조선 내에서 조선독립군 자금을 모집하고, 권총과 실탄을 휴대하고 경성에 잠입하여 암살단이라는 비밀결사를 조직하고, 경고문을 작성·반포하고, 총독부 정무총감 암살을 계획하는 등 치안을 방해한 혐의로 1921년 11월에 징역 2년을 선고받고 복역했다.

1923년 3월 출옥한 지 얼마 되지 않아 김상옥의 종로경찰서 폭탄 투척사건으로 또 기소되었다가 8월에 보석으로 풀려났다. 1945년 광복이 될 때까지 의열단원으로 활동했으리라 생각된다. 1946년 8월 3일 여운홍 등과 사회민주당을 결성하고 당무국장을 맡았다. 1947년 사회민주당 훈교국장을 지냈으며 이후 행적은 알려져 있지 않다.

최초의 하버드대학 박사,

치오 致悟, 1897~1976

속명은 박민오^{朴玟悟}이다. 경남 남해에서 태어나 통도사 명신학교와 지방학림을 졸업했다. 서울 중앙학교에 진학하던 중 통도사 오택언 스님과 함께 1919년 3월 1일 만세운동에 참여했다. 1919년 4월 김상옥의 혁신단^{革新團} 결성에 동참했으며「혁신공보」발간에 편집·취재·논설을 맡았다. 그리고 조선인은 조선독립운동에 찬동하고 상호협력하여 조선독립의 목적을 달성해야 한다는 취지의「자유신종보」를 제작하여 배포하고 일경의 감시와 추적을 피해 중국 상해로 밀항했다. 상해에 머물면서 혁신단 임무를 수행하지만 상해임시정부의 재정상 어려움으로 도움을 받을 수 없자 1919년 10월에 남경을 거쳐 프랑스를 둘러보고 1920년 7월 대서양을 건너 뉴욕에 도착했다.

1932년 하버드대학에서 논문「미국 문명에 대한 동양의 전망」으로 한국인 최초 정치관계학 박사 학위를 받고 미국에서 활동하다 1976년에 생을 마쳤다.

지방 만세운동의 선봉자,

춘고 春樨, 1897~1970

속명은 오택언^{吳澤彦}으로 1897년 6월 17일 양산군 하북면 지산리에서 태어났다. 1916년 통도사 불교전문과를 졸업하고 1918년 4월 서울 중앙학림에 입학했다. 1919년 2월 26일 한용운 스님으로부터 독립선언문 삼천 매를 받아 3월 1일 탑동공원에서 시민에게 배포한 뒤 군중을 모아 만세시위운동을 했다. 3월 5일 지방에서 만세운동을 펼치기로 하고 스님은 통도사로 내려와 만세운동을 준비하다 3월 7일 붙잡혀 경성지방법원에서 11월 6일 징역 8개월을 선고받았다.

1920년 4월 28일 출옥한 후 1923년 8월 마산 수해구제회 결성 복구기금 회원으로 참가했고, 10월에는 마산포교당 불교청년회 결성을 주도하고 이재부장理財部長이 됐다. 1928년 진주불교포교당 법사로 진주불교진흥회와 불교청년회 주관 석가탄신 기념 법회에서 법문하고 진주 극빈계층에게 식량과 의복을 시주했다. 1929년 진주청년동맹 주도 '경북기근구제회'에 참여했고, 12월에 조선불교승려대회 개최 발기회 위원(경남 진주 포교사)으로 활동했다. 1932년 잡지 「삼천리」에서 〈차세대 지도자 총관〉을 실었는데 불교계 차세대 지도자로 통도사에는 무홍 스님과 춘고 스님의 이름이 있었다.

1935년 3월 조선불교중앙교무원 심사위원이 되었으며, 1935년과 1939년에 양산군 하북면 협의회원으로 선출되고 1935년 1월 10일 통도사평의원 선거에서 최다 득표자로 당선되었다. 1947년 5월 조선불교총무원 부회장으로 활동했으며, 7월 전국 불교도대회에 참가하여 불교혁신과 조선불교총본원 설치 등의 활동을 했다. 1953년 1월 18일 통도사 주지가 되었다. 1970년 2월 20일 별세했으며, 정부에서는 1990년 건국훈장 애족장을 추서했다.

가람 중수와 인재 양성에 앞장선,

노천월하 老天月下, 1915~2003

법명은 명근明根, 호는 월하月下·노천老天이다. 1915년 2월 25일 충남 부여군 부여면 군수리에서 태어났다. 본관은 파평 윤씨이고 속명은 희중喜重이다. 1932년 금강산 유정사로 출가하여 1933년 성환 스님을 계사로 사미계를 수지하고 1938년 오대산 상원사에서 당대 선지식인 한암 스님에게 보살계와 비구계를 받았다. 1942년 통도사 구하 스님에게 건당하여 통도사와 인연을 맺었다. 1944년 철원 심원사 불교전문강원에서 대교과를 졸업하고 1950년 통도사에서 회당晦堂율사에게 자장율사로부터 전래된 계맥을 이었다. 이후 건봉사·정혜사·금강산 마하연 등에서 참선수행하였으며 천성산 내원사에서 용맹정진하던 중 몸과 마음이 하나인 경지에 들어갔다. 1950년대 불교정화 없이는 불조혜명을 전승하고 삼보를 호지할 수 없음을 깨닫고 1954년 효당·청담·경산 스님 등과 사찰정화수습대책위원회에 참여해 정화불사에 앞장섰다.

1954년 9월 30일 전국 비구승대회 임시종회에서 종회의원과 총무부장으로 선출되었다. 1955년 7월 11일 문교부 주재 아래 비구·대처 각 5명을 위원으로 사찰정화대책위원회를 구성했는데 효봉·금오·청담 ·원허 스님과 함께 비구 측 위원이 되었다. 중앙의 정화가 일단락되자 1955년 9월 8일 통도사로 내려와 직인과 재산목록 서류를 받아 통도사 사무인계인수를 마쳤다. 구하·경봉 스님의 뒤를 이어 중앙교단에 진출하여 정화운동의 한가운데에서 대처 측과 문제 해결을 위해 노력했다. 그리고 다른 지역과 달리 폭력이나 소송 없이 경남지역의 불교정화를 순조롭게 이루어 내었다. 1956년 통도사 주지에 취임하고 1958년에는 조계종 감찰원장에, 1960년에는 중앙종회 의장에 취임했다. 1962년 1월 비구·대처 통합을 위한 불교재건위원회를 구성하고 비구·대처 각 15명으로 재건비상종회를 구성할 때 비구 측 15인에 들어 불교정화운동에 힘썼다.

1978년 조계종 원로의원으로 추대되었으며, 1979년 총무원장에 취임하여 종단의 정통성과 법통 수호를 위해 노력했으며, 1979년 12월 동국학원 이사장을 사임하고 통도사로 내려와 수행에 전념했다. 1980년 10월 27일 계엄사령부가 전국 주요 사찰에 군인을 투입해 스님들을 잡아 취조·고문할 때 스님도 고초를 당했다. 1981년 1월 13일 정화중흥회에서 원로의원으로 선출되었으며, 2월 17일 조계종 역사상 최초로 통일된 의식과 동일한 정체성 확립을 위한 단일계단수계 산림법회를 통도사 금강계단에서 개최했다.

1984년 5월 30일 통도사에 영축총림이 지정되고 방장으로 취임했다. 스님은 한일불교문화교류협의회와 세계불교도우의회 고문을 맡아 한국 불교를 알리고 위상을 높이기 위해 노력했다. 1994년 3월 23일 개혁을 지향하는 8개 승가단체가 범승가 종단개혁추진위원회를 결성하자 적극적으로 지지했으며 4월 10일 전국승려대회에서 개혁회의 의장으로 추대되었으며 5월 9일 원로회의에서 제9대 종정으로 추대했다.

2003년 12월 4일 정변전正偏殿에서 문도들에게 힘써 정진하고 나태하지 말라는 유언과 "한 물건이 이 육신을 벗어나니 물건마다 법신을 나투네. 가고 머묾을 논하지 말라. 곳곳이 내 집이니라[一物脫根塵頭頭顯法身莫論去與 住處處盡吾家]."라는 게송을 남기고 입적했다. 세상 나이 89세, 승려 나이 71세였다. 스님은 위엄을 갖추었으되 자애로웠고 이사理事에 걸림이 없이 원융하여 어느 곳에 집착이 없었다. 항상 수행자의 모습을 잃지 않고 스

스로 엄격한 규범을 실천했으며 통도사에 반세기를 머무시면서 성보박
물관을 비롯해 설법전·정변전 등을 건립하여 가람을 중수하고 인재를
양성했다.

한국불교의 현대화와 대중화를 이끌다,

벽안법인 碧眼法印, 1901~1988

법명은 법인法印, 호는 벽안碧眼, 속명은 만수晩洙이다. 밀양 박씨로 1901
년 4월 1일 경북 월성군 내남면 부지리에서 태어났다. 1909년 시계의숙
에 입학하여 사서삼경을 배웠다. 1921년 경성 오성학원 보통학교 6학년
과정을 수료하고 1923년 대구 사립 교남학원 중등과를 졸업하고 1927년
경주 내남공립보통학교 학무위원으로 근무했다. 1935년 거사 신분으로
금강산 마하연 선원에서 설석우薛石友 스님의 지도 아래 참선 정진했다.
백양산 운문암 등 선방을 찾아 수선정진하다 1938년 10월 15일 통도사
내원암에서 경봉 스님을 은사로 득도했다. 천성산 내원사 선원에서 용
맹정진하다 홀연히 깨친 바가 있었다. 그 뒤 스님은 범어사 선원, 해인사
선원, 통도사 극락선원, 보광선원 등에서 15하안거를 지냈다.

1949년 통도사 불교전문강원을 졸업하고 불교정화 분규가 한창이던
1957년 중앙종회 부의장으로 선출되어 분규 종식을 위해 애썼다. 1959
년 통도사 주지가 되었으며, 1960년 조계종전국승려대회 대회장을 맡았
다. 1962년 비구·대처 통합종단 1대 중앙종회 의장을 맡아 화합을 이끄
는 데 노력했으며, 1974년까지 4대를 연임하면서 한국불교의 현대화와

대중화 그리고 종단 화합을 위해 노력했다.

스님은 종단정화 이후 종단의 수습과 발전을 위해 수행승은 자긍심을 가지고 계행과 정진에 힘써야 한다고 주장했다. 불교의 발전을 위해서 인재 양성이 무엇보다 중요하다며 교육에 관심을 가져 1955년부터 1974년까지 20년간 동국학원 이사로 있었고 1972년에는 이사장에 취임했다. 1966년 세계불교승가대회에 한국 대표로 참석했으며, 통도사 주지로 다시 취임했다. 1978년에는 조계종 원로로 추대되었다. 스님은 통도사 가람을 수호하고 종단의 모든 일을 처리함에 사리사욕 없이 공평 정대하게 했다. 공석에서는 가을 서리와 같이 엄정했으나 사석에서는 봄바람과 같이 인자했으며 항상 부지런하고 검소했다.

1988년 1월 14일 통도사 적묵당에서 "영축산 조각구름 오고가는 짬이 없네. 홀연히 왔다 홀연히 가니 이와 같고 이와 같다[靈鷲片雲 往還無際 忽來 忽去 如是如是]."라는 임종게를 남기고 입적했다. 세상 나이 87세, 승려 나이 50세였다.

지방 만세운동의 출발, 통도오절

조병구, 김말복, 김구하, 오택언, 양대응 스님

1919년 3월 13일 양산 통도사 앞 신평마을 장터에 사람들이 모여들었다. 통도사 지방학림地方學林에 다니는 김상문金詳文 스님이 선두에 서고 그 뒤를 학생들이 따랐다. 만해 스님의 밀명을 받은 오택언吳澤彦 스님이 주도했다. 이 외에도 양대응, 박세문, 이기주, 김진오 스님이 함께했다. 오택언^{吳澤彦}, 양대응^{梁大應}, 김구하^{金九河}, 조병구^{曺秉球}, 김말복^{金末福} 스님은 '충절 ^{忠節}의 오대사^{五大師}' 또는 '통도오절^{通度五節}'로 불린다. 항일의식을 교사와 학생들에게 알리고 가르친 조병구 스님과 김말복 스님, 독립운동에 나선 스님들에게 도피자금을 제공했던 김구하 스님, 신평에서 3·1만세운동을 주도한 오택언 스님과 양대응 스님이다.

자세히
보아야
보인다

통도사에 문화재 진영이 많은 이유는 무엇일까?
용암혜언 스님의 진영 조성기로 살피다

통도사 영각에는 88점의 고승 진영이 모셔져 있다. 이 진영은 창건주 자장율사를 비롯해 역대 주지와 고승들을 그린 초상화이다. 진영이라 함은 대상 인물의 본질인 진眞과 겉모습을 형상화한 영影을 합친 말로 대상의 형체만을 옮겨 놓는 것이 아니라 정신세계까지도 표현하는 것을 의미한다. 특히 통도사의 고승 진영은 62점이 문화재로 지정되어 있으며, 이는 국내에 남아 있는 진영 문화재의 70% 이상에 해당한다. 다시 말해 소장하고 있는 진영의 수도 많으며, 문화재적 가치도 상당함을 의미한다. 그렇다면 통도사 영각에 문화재급 진영이 많은 이유는 무엇일까? 그 내용은 용암혜언 스님의 진영 조성 기문을 통해 엿볼 수 있다. 참고로 용암혜언 스님은 통도사 문중은 아니지만 당대 최고의 선승으로 존숭받은 인물이다.

용암혜언 진영 조성 기문記文 (1847년)

기記

도광道光 27년(1847) 가을 대법사 화담華潭화상이 거듭 범어사의 청을 받아들여 대교大敎를 강설하실 때에 나와 법권法眷인 쌍월성활雙月性蛞 스님이 이런 의논을 해왔다.

"법사께서 여래의 심부름꾼[如來使]이시라 팔방의 끝까지 법으로 교화하시지만 남쪽 지방에 가장 인연이 있으시니, 진영眞影을 그려서 남쪽의 유명한 사찰에 봉안하여 우리 평생의 정성을 펼쳐 봅시다."

쌍월이 말했다.

"시키시는 대로 받들 것이나, 다만 법사의 진영만 봉안하고 법사의 모습을 받들지 않는다면 법사의 법지法旨를 봉양하는 것이 아닐 것입니다. 먼저 사옹師翁이신 화악華嶽 대선사의 진영을 봉안하고 그다음에 법사의 진영을 봉안하는 것이 옳을 것입니다."

나는 등을 어루만지며 탄식하였다.

"화사畵師를 청해서 그리게 하는 것이 좋겠소."

어떤 사람들은 말했다.

"참된 몸[眞身]에는 상相이 없고 지극한 도[至道]는 말이 없으니, 그렇기 때문에 달마대사는 양나라 무제가 일 만들기 좋아하는 것을 나무랐던 것입니다. 돈교頓敎는 머무름을 책망하며 알고자 하는 욕망을 벗어날 것을 권합니다. 대사의 법사의 진신眞身이 대사의 법사께서 세상에 계실 때의 색신色身에 있지 않거늘 하물며 색신과 비슷한 것에 있겠습니까."

내가 말했다.

"아, 이것도 역시 도를 깨우치는 것입니다. 지극한 도가 비록 말이 없다고 하지만 만약 말씀이 없다면 도를 설명할 수 없습니다. 참된 몸이 비록 상이 없다 해도 반드시 가짜 상을 통해서 진짜를 찾을 수 있습니다. 그래서 『주역』을 지은 자는 효상爻象을 두어 태극太極의 이치를 본뜨고 법을 설하는 자는 선정과 지혜[定慧]를 좇아서 설명하기 어려운 도를 이야기하는 것입니다. 우리 사부師傅와 사옹師翁이 모두 다 인천人天의 스승이 되시는데, 우리 사옹께서는 이미 수화귀적收化歸寂하셨고 우리 사부는 비록 지금 세상에 계시지만 춘추가 이미 육순이 넘었으니 어찌 '잎이 떨어져 뿌리로 돌아가고 돌아올 때는 말이 없다.'는 것이 아니겠습니까. 그러므로 지금은 자손들이 비록 사부께 법을 듣고 자애로운 모습을 뵙지만, 귀의하여 득도하신 후의 자손들은 반드시 지금 사람들이 화악 사옹의 도의 성가를 우러러 흠모하면서도 뵙고 정성을 펼칠 길이 없는 것처럼 될 것입니다. 이런 까닭으로 옛날 성인들이 백성을 가르칠 때에 근본에 보답하고 음덕을 추모하는[報本追遠] 도리를 가르쳐, 제사의 예절에 있어서 묘廟에는 나무로 신주를 만들고 제祭에는 손孫을 호尸로 삼았으니, 이때 이후로 상像을 세우기 시작한 것입니다. 대개 상을 세우는 것은 서역에서 전해진 규범으로 후손들이 자연스럽게 우러나오는 효심을 느껴 그리워하는 마음입니다. 부처님께서 도를 완성하시고 6년이 지나 어머니의 은혜에 보답하려는 마음에 도리천[忉利]에 올라가 3개월 동안 안거安居하면서 어머니를 위해 설법하였는데, 우전왕이 오랫동안 부처님을 우러렀으나 뵙지 못하였으므로 목련目連에게 시켜서 전단栴檀에 새겨서 상像을 만들게 하여 봉안하였는데 진짜 부처님 같았습니다. 부처님께서 도리천에서 다시 인간계로 내려와 그 상을 보시고 머리를 어루만지면서 우전왕의 공덕을 자세히 칭찬하고 수기授記하셨습니다. 저 우전왕은 3개월간 부처님을 떠나서도 그리운 마음을 느껴서 상을 새겨 존숭하고 받들었는데, 하물며 우리 제자들은 우리 법사와 삶과 죽음 사이에 갈라져 영원히 이별하는데 어찌 사모하는 마음이 없겠습니까. 이것이 제가 그림을 그려서 봉안하고 향불을 올리는 이유입니다."

쌍월이 또 나에게 말했다.

"선사의 진영을 만들어 예로 받드는 일은 꼭 하여야 하니, 자리를 선택하여 봉안한 후에는 영원할 것입니다. 저 통도사는 실로 동방 제일의 도량입니다. 자장율사가 문수보살의 부촉을 받아 우리 부처님의 사리와 법구法具를 봉안하였기에 예로부터 삼재가 이르지 못하는 곳이라고 일컬어졌습니다. 또 산중에서는 지금에 이르기까지 많은 신령하고 신기한 성스러운 기적이 많이 일어나고 있고, 절 안의 석덕釋德들은 다 고불古佛의 유풍을 따르고 있습니다. 아울러 나와 남을 가르는 마음 없이 크게 영당影堂을 열고, 어느 종宗 어느 파派인지 묻지 않고 다만 존엄하여 공경할 만한 도와 덕만 있으면 다 공경하고 우러르는 마음을 냅니다. 저 물을 갈라 강물을 마시는 류流나 남돈북점南頓北漸의 다툼과는 같이 거론할 것이 아닙니다. 부디 그곳으로 가서 봉안하는 것이 좋겠습니다."

내가 이 말을 듣고 기뻐하고 있었는데, 마침 포운윤취布雲閏聚 대선사가 와서 이렇게 말하였다.

"과연 쌍월선사의 말과 같습니다."

그리하여 저의 법사이신 용암龍岩 대화상의 초상[影子]을 작년 봄에 봉안하고 공덕을 찬탄하였으나, 선사의 초상을 만들어 봉안하려면 정성을 표시하는 물건이 없어서는 안 되겠습니다. 물건이 비록 정성을 표시하는 예인 것은 아나, 또 물건이 없으면 정성을 표시하는 예를 완성할 수 없습니다. 나와 스님이 함께 다른 힘[異力]을 내어 향화香火의 법기法器를 준비하였습니다. 어떻게 또 향화의 법구法具를 갖추었는가 하면 우리 선사만을 위해서 마련할 수는 없었기 때문입니다. 여러 선사 각 위各位의 앞에 각각 법기를 갖추고 산중 제덕의 원융한 마음을 보좌하는 것이 맞습니다.

나는 엎드려 명을 받들고 쌍월 스님에게 법기를 마련하도록 하였으니, 법기의 수는 뒤에 열거합니다.

정미년(1847) 11월 하현下弦에 화담華潭 문인 보월혜소寶月慧昭가 기록한다.

VI

영축산 이야기

통도사의 호법룡이
살고 있는 구룡지.
아무리 가물어도
물이 마르지 않는다.

한 권으로 읽는 통도사

눈먼 용이 통도사를 지키다

　　통도사 창건설화에는 자장 스님이 문수보살에게 수기를 받는 장면이 등장한다. 여기서 문수보살은 자장 스님에게 "그대의 나라 남쪽 영축산 기슭에 나쁜 용이 거처하는 연못이 있는데, 거기에 사는 용들이 나쁜 마음을 품어서 비바람을 일으켜 곡식을 상하게 하고 백성들을 괴롭히고 있다. 그러니 그대가 그 용이 사는 연못에 금강계단을 쌓고 이 불사리를 봉안하면 재앙을 면하게 되어 만대에 이르도록 멸하지 않고 불법이 오랫동안 머물러 있을 것이다."라고 이른다.

　　스님은 귀국하여 영축산을 찾아 나쁜 용들이 산다는 못에 이르렀다. 정말로 아홉 마리의 용[九龍]이 나쁜 짓을 일삼고 있었는데, 자장 스님이 설법을 하자 용들이 항복하며 물러났다. 그 가운데서 다섯 마리는 오룡동으로, 세 마리는 삼동곡으로 도망갔다. 그중 한 마리는 급히 도망가면서 산문 어귀 큰 바위에 부딪쳐 피를 흘리고 갔는데 지금도 바위 표면에 핏자국이 남아 있어 사람들이 용혈암이라 부르고 있다. 또 눈먼 용 한 마리가 어디도 가지 못하고 통도사에 남게 되었는데, 용이 자장 스님께 통도사를 지키는 호법용이 되겠노라 청했다. 스님은 용의 청을 들어 못을 다 메우지 않고 한쪽 귀퉁이에 작은 연못을 두어 용이 머물도록 했다. 그것이 바로 금강계단 옆 구룡지이다. 구룡지는 작은 크기에 깊이도 얼마

되지 않지만 심한 가뭄이 와도 전혀 수량이 줄지 않고 아무리 비가 와도
넘치지 않는 등 영험함을 지니고 있다. 통도사는 단옷날이 되면 화마^{火魔}
를 제압하기 위한 단오절 용왕재를 지내는데, 이곳 구룡지에서 지낸다.

매년 5월 5일 단오절을 맞아
구룡지에서 용왕재를 지낸다.

인고와 지계의 상징
'자장매'

경내엔 수령이 400년 가까운 매화나무가 있다. 일명 '자장매화'다. 통도사를 창건하신 자장 스님을 기리며 숭고한 수행상을 잃지 않고자 '자장매'로 명명해 온다. 매화는 매서운 추위가 뼛속까지 스밀 때 향이 더욱 짙어져 마치 수행자의 구도 행각과 닮은 데가 있는데 "계를 지키며 하루를 살지언정 계를 파하고 백 년을 살지 않겠다."는 자장 스님의 결연한 가르침과 맞닿아 있다.

이 나무는 임진왜란 이후 영각이 소실되어 다시 재건하게 되었는데, 그때 홀연히 섬돌 아래 싹이 텄다고 한다. 이른 봄 가장 먼저 꽃을 피워 수많은 상춘객들에게 인기가 있다. 자장 스님의 계율정신을 기리고 계승한다는 의미를 품은 '자장매'는 지계정신을 상징하며 고매한 향기를 풍긴다.

한 권으로 읽는 통도사

통도사에는 홍매의 상징인 자장
매뿐만 아니라 백매白梅, 청매靑梅 등
여러 그루의 매화나무가 있다. 또
배롱나무, 산수유 등 갖가지 꽃나무
들이 따뜻한 시기에 꽃망울을 터뜨
린다. 어떤 의미에서 꽃은 장엄의
도구이지만, 추운 겨울을 참아 낸
인고의 정신과 비바람을 견디고 굳
건히 정진하는 수행자의 모습이기
도 하다.

**자세히
보아야
보인다**

아름다운 석교,
삼성반월교

삼성반월교는 일주문 동남쪽에 위치하여 통도천의 남북을 연결하는 돌다리로 1937년 경봉 스님이 건립하였다.

삼성반월은 세 개의 별[三星]과 반달[半月]을 뜻하며, 이는 곧 세 개의 짧은 획과 하나의 긴 획으로 구성된 마음 '심心' 자를 상징한다. 두 교각 사이에 형성된 세 개의 원과 그 위에 형성된 아치형의 다리로 구성된 석교의 형태는 마음 '심心' 자를 풀어서 조형한 것으로 해석된다. 따라서 삼성반월교는 깨끗한 한 가지 마음으로 건너야 하는 다리, 즉 일심교一心橋라는 의미를 담고 있다. 그래서 이 다리에는 난간이 없고 폭도 좁다. 헛된 생각으로 정신을 차리지 못하면 다리에서 떨어질 수도 있음을 일깨우는 것이다.

이 다리를 건립한 경봉 스님은 통도사 일주문 옆의 징검다리를 장마철에도 안전하게 건너다닐 수 있는 튼튼한 다리로 바꾸어 놓겠다는 원력을 품고 공사에 충당할 자금을 꾸준히 모았으나 당시 통도사의 경제 상황으로 사찰의 기금만으로는 다리를 건립할 여력이 부족했다. 그러던 어느 날 인천에 거주하는 김치수 거사가 스님을 찾아와서 아들의 불편한 다리를 고치기 위해 불공을 드리고자 하였다.

경봉 스님은 그를 냇가로 데리고 가서 요행을 바라기보다는 계곡에 튼튼한 다리를 놓아 수많은 사람의 다리 노릇을 해 주는 것이 더 큰 공덕이 된다는 것을 일깨웠다. 법문을 들은 김치수 거사는 크게 감동하여 다리를 짓는 불사에 동참할 것을 약속하고 거금을 시주하였다.

이에 그동안 모아 놓은 기금과 김치수 거사의 시주금을 합하여 1937년 2월 17일 공사를 시작하여 같은 해 6월 5일에 낙성식을 가졌다. 낙성식에서 경봉 스님은 "통도사를 창건한 지도 벌써 1,300년, 그동안 시냇물에 이르러 몇 억만 명이나 신을 벗고 건넜을 것인가. 오늘 삼성반월교가 조성됨은 인연이 도래하여 꽃과 열매가 맺어짐과 같도다."라는 법문을 남겼다. 다리의 양측 표지석에 새겨진 '삼성반월교三星半月橋'와 '영조운산리影照雲山裏'라는 글씨는 경봉 스님의 친필이다.

어긋난 짝사랑,
'호혈석'

　먼 옛날 통도사 백운암에는 젊고 잘생긴 스님이 홀로 기거하며 수행 생활을 하고 있었다고 한다. 스님은 경 읽기를 게을리하지 않았음은 물론 아침, 저녁 예불을 통해 자신의 염원을 부처님께 성심껏 기원하였다. 여느 때처럼 저녁 예불을 마치고 책상 앞에 앉아 경을 읽고 있는데 아리따운 아가씨의 음성이 들려왔다. 목소리만큼 아름다운 처녀가 봄나물 가득한 바구니를 든 채 서 있는 것이었다. 나물을 캐러 나왔다가 그만 길을 잃은 처녀가 이리저리 헤매면서 길을 찾다 백운암으로 들어서게 된 것이다. 날은 저물고 갈 길이 막막하던 차에 불빛을 보고 반가운 마음에 단숨에 달려온 처녀는, 어렵더라도 하룻밤 묵어가도록 허락하여 줄 것을 애절하게 호소하였다. 그러나 방이 하나뿐인 곳에서 수행 중인 젊은 스님으로서는 매우 난처한 일이었다. 그러나 어찌할 도리가 없던 스님은 단칸방의 아랫목을 그 처녀에게 내어 주고 윗목에서 정좌한 채 밤새 경전을 읽었다.

　스님의 경 읽는 음성에 처녀는 마음을 사로잡히고 말았다. 그날 이후 처녀는 스님에게 연정을 품게 되었고, 마음은 늘 백운암 스님에게 가 있

었다. 스님을 흠모하는 마음은 날이 갈수록 깊어 가서 처녀는 상사병을 얻게 되었다. 식음을 전폐하고 좋은 혼처가 나와도 고개를 흔드는 딸의 심정을 알지 못하는 처녀의 어머니는 안타깝기만 했다. 그러다가 백운암에서 만난 젊은 스님의 이야기와 함께 이루지 못할 사랑의 아픔을 숨김 없이 듣게 되었다. 생사의 기로에 선 딸의 사연을 알게 된 처녀의 부모는 자식의 생명을 건지기 위해 백운암으로 그 스님을 찾아갔다.

딸의 생명을 살리기 위해 한 살림 차려 줄 것을 약속하며 혼인을 애걸했지만 젊은 스님은 결심을 흩트리지 않고 경전 공부에만 전념하였다. 죽음에 임박한 처녀가 마지막으로 스님의 얼굴을 보고 싶다 하였으나 그마저 거절하고 말았다. 얼마 후 처녀는 사모하는 한을 가슴에 안은 채 목숨을 거두고 사나운 영축산 호랑이가 되었다.

그 후 긴 시간이 지나고, 젊은 스님은 초지일관한 결과로 드디어 서원하던 강백이 되는 영광을 누리게 됐다. 많은 학승들에게 경전을 가르치던 어느 날 강원에 갑자기 거센 바람이 일며 호랑이 울음소리가 들려왔다. 큰 호랑이가 지붕을 넘나들며 포효하고 문을 할퀴며 점점 사나워지기 시작하였다.

호랑이의 행동을 지켜보던 대중들은 분명 스님들과 어떤 사연이 있을 것이라는 데 중지를 모으고 각자 저고리를 벗어 밖으로 던졌다. 호랑이는 강백 스님의 저고리를 받더니 갈기갈기 마구 찢으며 더욱 사납게 울부짖었다. 대중들이 곤란한 표정으로 서로 얼굴만 쳐다보자 강백 스님은 조금도 주저함 없이 속세의 인연이라 생각하고 앞으로 나서며 합장 예경하고 호랑이가 포효하는 곳으로 발길을 옮겼다. 호랑이는 기다렸다는 듯 그 스님을 입으로 덥석 물고 어둠 속 어디론가 사라졌다.

다음 날 날이 밝자 산중의 모든 사람들이 스님을 찾아 온 산을 헤맸다. 깊은 골짜기를 다 뒤졌으나 보이지 않던 스님은 젊은 날 공부하던 백운암 옆 등성이에서 숨진 채 발견됐다. 처녀의 원혼이 호랑이로 태어나 변고가 생긴 것이라 생각하고 호랑이의 혈血을 제압할 목적으로 붉은색의 큼직한 반석 2개를 도량 안에 놓았다. 이를 '호혈석虎血石' 또는 '호압석虎壓石'이라 부른다. 이것은 상로전의 응진전 바로 옆과 하로전의 극락보전 옆 북쪽에 남아 있다.

돌에 새겨진 특별한 이야기

통도사는 불교의 성지일 뿐 아니라 빼어난 자연풍광으로 인해 많은 사람이 찾는 관광지이다. 통도사의 '무풍한송로舞風寒松路'는 걷기에도 좋아 2018년 아름다운 숲으로 선정되었다. 그런데 이 길 주변에는 많은 바위에 이름이 새겨져 있다. 각석刻石이다. 각석에는 사람의 이름과 역사 기록이 있다. 통도사에서는 이를 통합하여 '이름바위'라고 부른다. 그동안 찾은 바위가 137개, 이름이 1,981명이다.

사람은 누구나 이름을 남기기를 원한다. 한국인의 낙서 문화는 전 세계적으로 유명하다. 그림과 글자를 즐겨 남기는 민족이다. 우리나라에서 가장 오래된 낙서는 통도사와 가까운 울산의 반구대 암각화와 천전리 각석이다. 반구대 암각화가 선사시대의 그림 낙서라고 한다면, 천전리 각석은 선사시대와 그 이후의 역사가 공존하는 그림과 문자 낙서로 가득하다. 한때 화랑들의 이름이 많이 새겨져 있어 화랑 각석이라 했다. 전국 어디에나 풍광 좋은 곳에 문자와 이름을 새긴 바위들이 많다.

  통도사뿐만 아니라 범어사와 해인사와 같이 계곡을 끼고 있는 산사의
바위에는 이름바위가 존재한다. 이름바위는 그 지역의 역사를 밝혀 줄
소중한 자산이며 역사의 방명록으로 역사 문화적으로 중요한 가치가 있
다. 이름바위에는 사람의 이름뿐만 아니라 역사적 기록과 시문을 남
겼다.

이름바위

통도사에서 이름바위가 가장 많은 곳은 통도사 산문 입구에서 무풍한 송로를 지나 부도원까지 이르는 길이다. 바위는 길가와 산 쪽 그리고 하천에 있다.

이름바위를 살펴보면 전문 석수장이가 새긴 이름은 한자 이름이 뚜렷하다. 그리고 인근 지역의 관료나 권세, 부유함에 따라 이름의 크기와 굵기가 달랐다. 권세가 있는 사람들은 보기 좋은 장소의 바위를 택했다. 심지어 이미 새겨진 이름을 파내고 자신의 이름을 크고 굵게 새긴 경우도 있었다. 이름바위가 성행했을 때는 이름의 크기 경쟁이 치열했을 것으로 짐작된다. 이름바위에 붉은색이 남아 있는 것으로 보아 이름을 새긴 후에 색칠한 듯하다. 최근에 새긴 이름들은 개인이 새긴 것으로 새김이 다소 서툴고 가늘고 투박한 편이다.

이름이 새겨진 스님들

이름바위 중에 스님으로 생각될 수 있는 이름은 30명 정도이다. 가장 오래된 것은 1680년 차왜 영접관들의 이름을 남산에 새긴 축봉과 취원 이다. 당시에는 전문적인 각석자가 없어서 통도사의 스님이 한 것으로 볼 수 있다. 가장 최근은 1968년 입산하면서 새긴 혜공이다. 부도바위에 는 특히 스님들의 부도마애비를 새겼다. '화엄종주 대운당봉흡출세탑華 嚴宗主大雲堂奉洽出世塔', '관허대사 병형출세탑', '화엄종주 구봉당 지화대사탑', '화엄종주 건운당 대사탑'으로 총 4개의 부도마애비가 있다. 공통점은 화 엄종 계통의 스님으로서 통도사에 주석했던 19세기 중후반의 고승이다.

화엄종주 대운당 봉흡 스님은 1860년대 통도사에 주석한 스님이다. 스님은 각종 탱화 조성에 참여하여 증명으로 그 이름을 올렸다. 내원사 아미타삼존탱(1857), 통도사 아미타회상도, 백련암 신중탱화(1864), 안양 암 칠성탱(1866), 통도사동치3년현왕탱과 신중도 등이다. 그리고 현재의 안양암인 '통도사보상암신건기 현판'(1868)에는 건물 신축 때 대운봉흡 이 3량을 시주한 기록이 있다. 그는 청허휴정(淸虛休靜, 서산대사)의 문인이 었다. '보상암' 현판은 추사 김정희의 글씨로 현재 통도사성보박물관에 보관되어 있다. 구봉당 지화 스님은 통도사 '지장전 중수번와개금기 현 판'(1845)에 1량 시주, '사리탑중수기 현판'(1872)에 10량 시주의 기록이 있 다. '창주선교양종구봉당지화대사지진(創主禪敎兩宗九鳳堂智和大師之眞, 1878)'의 영 정이 영각에 있다. 사리탑 중수에 주도적 역할을 한 것으로 보아 당시 주 지 스님의 소임을 맡은 것으로 추측할 수 있다. 건운당 스님은 밀양 표충 사 승련암 구품탱화(1882) 증명에 건운선관建運善官의 이름이 있다. 부도바위에 이름이 새겨진 스님의 공통점은 화엄종주로서 통도사의 중요 직책을 맡은 스님이며, 부도원에 스님의 부도가 있다. 또 휴정 스님의 법맥을 이은 스님으로 여겨진다.

선자바위에 새겨진 도총섭 포령당 유종 스님은 통도사 소속이었다. 도총섭^{都摠攝}은 조선시대의 최고 승직^{僧職}으로 임진왜란 때 선조가 의승군^{義僧軍}의 궐기를 부르짖고 일어선 서산대사 휴정^{休靜}에게 8도 선교16종 도총섭^{八道禪敎十六宗都摠攝}의 승직을 제수한 이후 보편화된 직명이다. 임진왜란이 끝난 뒤에는 승군의 대장 격이자 동시에 전국 사찰과 승려를 통솔 감독하는 위치에 있었다. 통도사 중흥의 기초를 닦은 구하 스님은 통도사 주지로서 현재 무풍교 석교 방함과 무풍 너럭바위, 청류길 세 곳에 이름이 새겨져 있다.

자장동천의 세이석

예로부터 산과 계곡의 경치가 빼어난 곳을 동천洞天이라 불렀는데 통도사에는 두 곳이 있다. 통도사 입구 계곡의 '청류동천'과 자장암의 '자장동천'이다. 자장동천은 풍류를 즐기던 스님들이 시회詩會를 즐기기도 하였다는 기록이 경봉 스님의 일기에 보인다. 구하 스님과 경봉 스님은 자장동천을 노래하는 시를 남겼다.

통도사 자장암을 찾는 사람들 중에는 자장동천을 자장암 주차장 아래쪽이라고만 생각하는 이들이 많다. 그러나 산길이나 계곡을 따라가면 더 넓고 풍경 좋은 곳이 있음을 알게 된다. 산길을 따라 걷다 약 100m 지점 아래 하천으로 내려가면 큰 너럭바위가 있다. 이 바위와 조금 위쪽의 바위가 넓기에 한때 풍류객들의 시회가 열린 장소가 아닌가 생각된다. 너럭바위에는 비록 '폭' 자는 깨져서 보이지 않지만 '자장폭포慈藏瀑布'라는 글자가 새겨져 있다. '초팔일서初八日書'는 글자가 희미하고 글 쓴 사람의 이름도 마모가 심해 알 수 없다. 초파일은 석가모니부처님의 탄신일이기도 하지만 자장 스님의 탄생일이기도 하다.

이 너럭바위에서 서쪽에 물이 흐르고 그 곁으로 바위가 직각으로 깨진 곳이 보인다. 이곳에 세이석洗耳淅이란 글자가 역시 희미하게 새겨져 있다. 세이석은 귀를 씻은 곳이다. 자장 지계持戒의 사실적 장소이다. 선덕여왕의 국사 요청을 한마디로 거절한 후, 국사 요청을 듣지 않은 것으로 하겠다며 다음과 같이 말을 하였다. "내 차라리 계戒를 지키고 하루를 살지언정 계를 깨뜨리고 백 년 살기를 원하지 않는다[吾寧一日持戒死 不願百年破戒而生]." 이 말을 전해 들은 왕은 출가를 허락하였다. 자장 스님은 계를

지키겠다며, 국사 요청을 듣지 않은 것으로 하겠다며 흐르는 물로 귀를 씻어 '세이석'이라 새겼다고 한다. 글씨는 자장 스님의 친필로 전해 오지만 사실인지는 확실하지 않다.

스님들이 금지한 땅, 팔도승지금지석

팔도승지금지석八道僧之禁地石의 의미는 '팔도의 스님들이 금지한 땅'이라는 뜻이다. 이 석표는 경남 양산시 하북면 지산마을에 있다. 이곳은 영축산 지맥이 통도사로 이어지는 길목에 있어 매우 중요한 곳이므로 통도사에서는 무덤을 쓰거나 집을 짓지 못하도록 하였다. 풍수에서 어떤 터에 들어오는 주맥主脈을 입수맥入首脈이라고 한다. 입수맥은 그 터의 병목과 같아서 이 지점에는 묘도 쓰지 않고 건물도 세우지 않으며 심지어 농사도 못 짓게 하였다. 이런 연유로 팔도의 스님들이 모여 팔도승지금지석을 세우고 묘지 등을 쓰지 못하게 하였으며, 이는 통도사를 보호하는 일인 동시에 양산의 민생 안녕을 지키고자 했던 것이다.

나라에서 정한 통도사의 구역, 국장생석표

경남 양산시 하북면 백록리 35번국도 도로변에 국장생석표가 세워져 있다. 통도사를 중심으로 사방 12곳에 세워 놓은 장생표의 하나로, 절의 동남쪽 약 4㎞ 지점에 거친 자연석면 그대로 세워져 있다. 국장생이라는 명칭은 나라의 명에 의해 건립된 장생이라는 의미로 이 절의 경계를 나타내는 표시이다.

장생은 수호신, 이정표, 경계표 등의 구실을 하고 있어 풍수지리설과 함께 민속신앙과도 깊은 관계를 맺고 있는데, 이 장생은 경계표와 보호의 구실을 한 것으로 보인다. 고려 선종 2년(1085)에 제작된 것으로, 나라의 통첩을 받아 세웠다는 글이 이두문이 섞인 금석문으로 새겨져 있어 국가와 사찰의 관계를 알려 주는 중요한 자료이다. 통도사通度寺 국장생國長生은 4만 7천 보步나 되는 절을 중심으로 사방 12곳에 세워진 장생표長生標의 하나이다.

이 석표는 사찰장생의 대표적인 예로 사찰의 경계境界, 풍수風水, 방액防厄을 위한 장생석표이다. 전면의 명문銘文은 자경字經 약 5~9㎝의 음각된 이두문吏讀文으로 되어 있고, 형태는 거친 자연석의 전면을 막다듬하여 곧추세운 것이다. 커다란 자연석(화강암)을 약간 다듬어 만들었으며 높이 1.67m, 폭 60㎝이며 아래의 둘레는 2.2m이다.

석표에 쓰인 내용은 "통도사 손내천 국장생 일좌一座는 절에서 문의問議한 바, 상서호부尙書戶部에서 을축년乙丑年 5월의 통첩通牒에 있는 이전의 판결判決과 같이 다시 세우게 함으로 이를 세운다."는 것으로 나라의 통첩을 받아 명에 의해서 세운 것임을 알 수 있다. 제작 연대는 고려 선종 2년(1085)으로 알려져 있다.

자세히
보아야
보인다

'낙서'가 남긴 한국전쟁의 기록

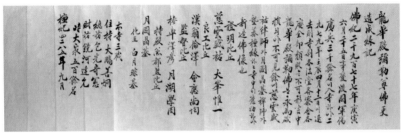

통도사 용화전 미륵불 복장 연기문

2020년, 용화전의 미륵부처님을 새로 모시기 위해 불상의 복장을 개봉하였다. 복장물에서는 용화전 미륵불 복장 연기문이 발견됐다. 연기문의 내용을 살펴보면 "(육군병원) 퇴거 후 사찰 각 법당, 각 요사, 각 암자 전부 퇴패(무너지고 깨짐)는 불가형언중(말로 표현할 수 없음)"이라며 당시 상황을 묘사하고 있다. 또한 "용화전 미륵불이 영위파손(영원히 파손)되야 불가견여(못 볼 지경)"라며 육군병원으로 인해 불상이 심하게 파손되어 새로 조성했음을 밝히고 있다.

그간 통도사가 한국전쟁 당시 육군병원으로 쓰였다는 이야기가 구두로만 전해져 오고 있었는데, 사실이었음이 밝혀진 것이다. 연기문 발견과 함께 대광명전

벽면을 가득 메우고 있는 낙서의 진실도 밝혀졌다. 낙서 중에는 "정전이 웬 말?", "통도사야 잘 있거라 전우는 가련다"라는 문구와 모자, 탱크 등 전쟁을 상징하는 그림이 남겨져 있었다. 낙서에 관한 뉴스가 보도되자 전국 각지에서 통도사의 육군병원을 증언하는 목소리가 이어졌다.

한국전쟁 당시 통도사는 부처님을 모시는 예배 공간을 환자들의 치료를 위한 병실로 기꺼이 내어 주었고, 이는 통도사와 한국불교가 고수해 온 호국불교의 방향과 일치하였다. 오랜 역사를 품은 전각의 벽화처럼 통도사 대광명전 한편에는 기록된 당시의 시대상을 엿볼 수 있는 '낙서'가 우리에게 많은 것을 남긴다.
용화전 미륵불 복장 연기문을 비롯하여 생존자들의 증언과 여러 사료를 취합하여 통도사는 2021년 12월 '제31 육군병원 통도사 분원으로 쓰인 곳'으로 현충시설로 지정되었다.

한 권으로 읽는 통도사

인도의 영축산을 그대로 닮은 이 아름다운 산에는 서운암을 비롯하여 17개 암자가 자리 잡고 있다.

백운암

비로암

극락암

반야암

축서암

금수암

서축암

자장암

안양암

취운암

수도암

사명암

백련암

서운암

옥련암

한 권으로 읽는 통도사

영축산의 암자

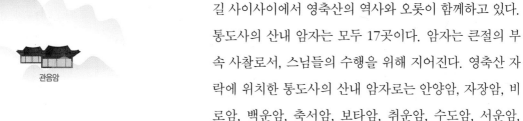

관음암

축총림 통도사

보타암

　　통도사의 산문을 들어서면 큰절을 지나 여러 암자로 향
하는 갈래길을 만날 수 있다. 암자는 통도사의 물길과 들
길 사이사이에서 영축산의 역사와 오롯이 함께하고 있다.
통도사의 산내 암자는 모두 17곳이다. 암자는 큰절의 부
속 사찰로서, 스님들의 수행을 위해 지어진다. 영축산 자
락에 위치한 통도사의 산내 암자로는 안양암, 자장암, 비
로암, 백운암, 축서암, 보타암, 취운암, 수도암, 서운암,
사명암, 백련암, 옥련암, 극락암, 서축암, 금수암, 반야암,
관음암이 있어 수행과 기도를 위한 정진처로 이어져 오
고 있다.

통도팔경 通度八景

　팔경八景은 향토 문화의 산물이고 향토 경승지에서 멋과 경관이 특별하여 향토의 이미지를 대표할 수 있는 경치이다. 통도팔경은 영축산의 조화로운 자연풍광과 더불어 산지승원의 아름다움을 벗삼을 수 있는 여덟 곳을 말한다. 일찍이 구하 스님은 통도팔경을 두고 시를 지어 그 아름다움을 표현했다.

무풍한송舞風寒松은
늘어진 소나무의 모습이
바람에 춤을 추는 듯하다 하여
붙은 이름이다.

제1경
무풍한송

무풍한송은 무풍송림으로 부르기도 하는데, 한자로는 춤출 무舞 자에
바람 풍風 자를 쓴다. 마치 소나무가 바람에 춤추는 듯하다 하여 붙은 이
름이라고 한다. 유연한 곡선을 보이는 통도사의 송림을 표현한 것이라
하겠다. 이곳은 통도천의 계곡이 시작되는 무풍교 - 삼성반월교 - 일승
교에 이르는 하천변의 풍광을 이른다. 완만한 경사를 따라 흐르는 계곡
과 굽이치는 소나무의 허리선이 조화롭게 펼쳐져 있다. 현재는 무풍한송
로를 산책로로 정비하여, 참배객들이 길을 따라 걸으며 통도사로 진입할
수 있도록 하고 있다. 이 길은 통도팔경 중 제1경이자, 한국에서 가장 아
름다운 길 중 하나로 손꼽히고 있다.

舞風寒松 (무풍교의 찬 소나무)

淸風霜雪幾經劫	청풍상설 속에서 몇 겁이나 지냈는고
特立溪邊水石間	계곡 옆 수석水石 사이로 우뚝 높이 솟았구나
如意峯前來去路	여의봉으로 오가는 길인 무풍교 앞으로
秋雲無事有時還	일 없는 가을 구름 끊임없이 돌아오네

한 권으로 읽는 통도사

제2경
안양동대

안양동대에 오르면 동쪽으로는 통도사의 전경이 펼쳐지고, 무풍한송
로와 통도사 산문 앞 시가지가 보인다. 또 서쪽으로는 자장동천을 볼 수
있어 통도사 암자 중에서 가장 전망이 좋은 곳으로 알려져 있다. 영축산
에는 많은 냇물이 합류하여 하천을 이루는데, 안양암 부근에 이르러 두
개의 큰 하천이 된다. 그중 하나는 동쪽, 하나는 남쪽을 흘러 두 하천이
합류하여 통도천을 이룬다.

安養東臺 (안양암 동대)

岩松老大多經驗	바위 위의 소나무는 늙고 크고 경험 많고
中有高峰四面山	가운데 높은 봉은 사면을 산이 에워쌌네
山疊水重皆眼下	첩첩한 산 중중한 물 눈 아래 보이는데
忽然鍾報落雲間	홀연히 종소리가 구름 뚫고 떨어지네

제3경
비로폭포

비로폭포는 비로암의 서쪽에 있다. 영축산에서 발원하여 비로암 서쪽으로 흐르는 이 하천에는 크고 작은 폭포들이 있다. 그중에서도 비로폭포는 2~3단 정도로 가장 큰 폭포인데, 과거에는 규모가 더 컸을 것으로 보인다. 일반적인 폭포에 비하면 규모가 크지 않지만, 유량이 풍부할 때는 폭포수 소리가 영축산을 크게 울렸을 것이다.

昆盧瀑布 (비로폭포)

銀波落落眞珠散	은빛 물이 떨어지니 진주가 흩어지고
日下無雲洞裏明	해 아래 구름 없으니 골 안 가득 밝도다
射水陽光虹彩亂	폭포에 햇빛 비치니 무지갯빛 현란하고
岩花藪鳥弄春情	바위 꽃과 숲의 새는 춘정春情을 희롱하네

제4경

자장동천

자장동천은 자장암 옆을 흐르는 하천이다. 안양동대의 서쪽에서 발달한 계곡인데, 크고 넓은 암반이 많아 물이 맑고 시원하게 흐르는 모습이다. 이곳은 세이석이라 하여 자장 스님이 귀를 씻은 곳으로 알려진 바위가 있다. 자장암은 자장율사가 암벽 아래에 움막을 짓고 수행하였다고 전해지는데 자장동천의 시원한 물소리와 암자의 조화가 아름다운 곳이다.

慈藏洞天 (자장암 동천)

路出松間寺在上	소나무 사잇길 지나면 절이 위에 있나니
西天碧洞水流東	서쪽에는 푸른 마을 물은 동으로 흐르네
金蛙此地高名帶	금개구리 이곳에서 높은 이름 드날리니
月古雲新客亦中	옛 달과 새 구름 속에 나그네가 있도다

제5경
극락영지

극락영지는 극락암의 연못을 이른다. 이 작은 연못에 영축산의 산봉이 그대로 비친다고 하여 지어진 이름이다. 극락영지는 홍교도 유명하다. 수면에는 수련이 자라고 홍교인 극락교가 연못 위를 가로지르고 있어 연못 자체만으로도 운치가 있다. 극락영지 위의 극락교는 차안에서 피안으로 건넌다는 의미를 담고 있어 이 다리를 건너면 극락으로 갈 수 있다는 믿음이 있다.

極樂影池 (극락암 영지)

一杖俳徊數步立	지팡이 짚고 몇 걸음 배회하다 우뚝 서니
慇懃水國現山容	연못 속에 은근한 산 그림자 비치누나
團團花葉承金露	둥근 연꽃잎은 금빛 이슬 머금었고
奏樂法音散翠峰	연주하는 법음 소리 푸른 봉에 흩어지네

제6경

백운명고

　백운명고는 백운암에서 들리는 법고 소리를 말한다. 법고는 불전 사물의 하나로, 축생을 제도한다는 의미로 친다. 백운암은 통도사 암자 중 가장 높은 곳에 위치하는데, 구름에 신비롭게 감춰져 있지만 그 운무를 뚫고 힘있게 들리는 법고 소리를 표현한 경치다.

白雲鳴鼓 (백운암 북소리)

伴鶴仙人何處在	학을 탄 신선은 어느 곳에 있는고
半空雲裏聞來聲	하늘 복판 구름 속에 오는 소리 들려오네
紅摩客羨應然此	홍진 세상 나그네는 이를 부러워하지만
澹泊生涯一鴈情	욕심 없는 이 생에는 기러기의 정이로다

제7경

단성낙조

단성낙조는 단성에서 바라보는 낙조의 아름다운 경관을 말한다. 단성은 영축산의 산릉을 중심으로 축조된 산성인데 임진왜란 때 관군들이 주둔하며 가천 들에까지 나가 전쟁을 치렀다고 한다. 이곳 산성은 양산, 울산, 밀양을 방어하는 진지로 쓰였다. 단성의 흔적은 희미하지만 맑은 날에는 이곳에서 서쪽 하늘과 산, 들을 붉게 물들인 낙조를 볼 수 있다.

丹城落照 (단성의 낙조)

斜陽似水鷗飛急	석양이 물에 비치니 백구는 급히 날고
遠照吐紅掛碧城	토해 내는 붉은빛은 푸른 성에 걸려 있다
一海秋天長萬里	바다 위의 가을 하늘 만 리나 뻗었는데
淸光透徹太虛淸	맑은 빛은 태허공의 맑음까지 꿰뚫누나

제8경
취운모종

취운모종은 취운암에서 울려 퍼지는 범종 소리를 말한다. 범종은 불교
의 사물 중 하나로 만 중생을 제도한다는 의미를 지니고 있다. 취운암의
범종 소리가 계곡을 만나 영축산을 휘감으면서 경내의 모습과 아름답게
조화를 이룸을 표현하였다.

翠雲暮鍾 (취운암의 저녁 종)

翠壁烟霞高閣處	안개 짙은 푸른 절벽 높은 누각 위에서
輕眠夢罷忽雲天	살짝 잠들었다 꿈을 깨니 구름 하늘일세
樓頭秋色鍾聲晚	가을빛 누각 위의 저녁 종성鍾聲 그윽한데
佛樹榮榮古寺前	옛 절 앞에는 부처님의 나무 무성하네

물[水]이 좋은 암자

_____ 반야암의 '반야수'

반야암은 1999년에 세워진 암자다. 이곳을 지을 때 80자 깊이의 지하수를 파서 음용수로 사용했는데 그 물이 '반야수'이다. 반야암의 돌수조에서 물맛을 볼 수 있다. 이 물은 PH 7.64로 중성에 가깝고 유기물 오염이 거의 없는 청정수다.

_____ 서축암 '약수'

서축암을 들어서면 정면으로 무량수전이 보이고 오른편으로 석탑과 돌로 만든 대형 수조가 놓여 있다. 서축암 약수는 영축산에서 퍼올린 지하수로, 청정한 수질은 중성에서 알칼리성 사이이고, 물맛이 좋아 사람들이 많이 찾는다.

_____ 금수암 '금수'

영축산에는 두 갈래의 샘물이 있다. 백운암을 사이에 두고 양쪽에 위치하는 '금샘'과 '은샘'이다. 금수암의 금수는 백운암의 금샘에서 내려오는 물이기에 지어진 이름이다. 금수암은 스님들의 정진처이기 때문에 일반인들의 출입이 어렵지만, 샘물은 영축산의 정기를 그대로 품은 토층수로 영축산 물의 정수이다.

_____ 수도암 '샘물약수'

수도암에는 통도사 스님들이 일부러 가서 길어 오는 샘물약수가 있다. 수도암 샘물은 법당 앞마당에 철제로 수조를 만들고 수도꼭지를 설치해서 누구나 마실 수 있게 해 두었고, 법당 왼쪽 요사채 안에도 철제 뚜껑으로 덮인 사각형 수조가 있다. 요사채 안의 샘물이 원 약수여서 큰절 스님들이 옛날부터 자주 길어 마셨다고 한다. 수도암 샘물약수는 영축산 능선에서 자연적으로 솟아나는 샘물이다. 이 물은 중성에서 산성 상태에 가까운데 영축산 줄기의 수정 광산을 통과하기 때문인지 상대적으로 이산화규소 성분이 많아서 아주 물맛이 좋고 찻물로도 좋다.

_____ 옥련암 '장군수'

옥련암 장군수는 아주 유명한 물이다. 조선 초기의 유명한 장군인 이징옥, 이징석, 이징규가 옥련암 약수를 먹고 장군이 되었다고 해서 '장군수'로 불리게 됐다고 한다. 그 영험한 기운 덕분인지, 아프거나 몸이 약한 사람이 이 물을 마시면 장군처럼 기운이 좋아진다 하여 마을 사람들이 물을 많이 길어 간다. 이 물은 중성에서 산성 상태에 가까운데 특히 용존 산소가 높다. 현재 장군수는 암자 뒤쪽의 산중에서 나오는 물을 두 군데의 탱크에 보관하여 관으로 이어 편하게 마실 수 있도록 수조 한 곳과 수도꼭지를 세 곳에 설치하여 두고 있다. 물이 워낙 청정하고 깨끗하여 물탱크가 이물질 없이 늘 깨끗한 상태라고 전한다.

자장암의 금개구리, 금와보살의 전설

　자장암은 통도사를 창건한 자장율사가 바위벽에 움집을 짓고 수도하던 곳이다. 본당 뒤에는 자장율사가 손가락으로 구멍을 뚫어 금개구리를 살게 했다는 유명한 금와공金蛙孔이 있다. 『조선불교통사』 하권 「승유어급변화금와僧遺魚及變化金蛙」에 다음과 같이 전하고 있다.

> 축서산鷲棲山 통도사의 자장암 곁 석벽에 무지(拇指 - 엄지손가락) 하나가 들어갈 만한 구멍이 있으니 그 속에 한 쌍의 와자(蛙子 - 작은 개구리)가 있다. 몸은 청색이고 입은 금색인데 어떤 때는 벌과 나비가 되기도 하여 그 변화하는 것을 헤아릴 수 없다. 여름철에 바위가 과열되면 뜨겁기가 솥과 같으나 그 위를 자유로이 뛰어다닌다. 사승이 이를 일러 말하되 금와金蛙라 하더라. 그런데 이 금개구리는 도무지 산문 밖을 나가지 아니한다고 하므로 한때 어떤 관리가 그 말을 믿지 아니하고 그 개구리를 잡아 합중盒中에 넣어 엄폐하고서 손으로 움켜쥐고 돌아가다가 도중에 열어 보니 없어졌다. 세전世傳에 그 개구리는 자장율사의 신통으로 나타난 것이라고 말한다.

　지금도 이 금개구리를 친견하기 위하여 수많은 신도들이 자장암을 찾고 있는데 보는 사람도 있고 보지 못하는 사람도 있다. 워낙 신통하다 보니 금와보살이라 부르는데, 아무나 볼 수 없으니 만나기만 해도 소원이 이루어진다는 이야기가 전해진다.

자장암 대웅전 뒤편 큰 바위에
금와보살(금개구리)이 머무는
금와공(바위 우측 구멍)이 있다.

금와공 안에 머무는 금와보살.
모습을 잘 드러내지 않아서
금와보살을 실제로 친견하면
큰 행운이 따른다고 믿는다.

한 권으로 읽는 통도사

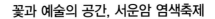

꽃과 예술의 공간, 서운암 염색축제

통도사 산내 암자 중 하나인 서운암은 전통예술을 통한 문화 포교의 역할을 담당하고 있다. 특히 전통 약된장, 천연염색, 도자삼천불과 장경각 등으로 널리 알려져 있으며 중봉 성파 큰스님을 중심으로 활발한 예술 활동을 전개하고 있다.

매년 봄이면 이곳에는 상춘객들의 발길이 끊이지 않는다. 금낭화, 황매화, 홍매화, 흰 매화부터 수련, 능소화에 이르기까지 5만여 평의 야산에 심은 100여 종의 야생화 수만 송이가 만개하기 때문이다. 이곳 야생화 군락은 불교에서 말하는 화장장엄세계를 그대로 구현해 놓은 듯 저마다의 색과 향으로 관광객들의 눈과 마음을 사로잡는다. 이러한 아름다운 색의 향연을 '천'에 옮겨 담는 천연염색은 서운암의 독보적인 주제로 자리 잡고 있다. 기존의 야생화축제와 더불어 매월 봄이 되면 서운암 염색축제로 시민들에게 예술의 향연을 선보이고 있다.

자세히
보아야
보인다

"박물관에 감춘 더 많은 이야기"

통도사에서 소장하고 있는 지정문화재는 국보인 금강계단을 비롯해 보물 26건
(93점), 유형문화재 49건(979점), 문화재자료 13건(17점)이다. 이 밖에도 비지정문
화재를 포함해 통도사 내에 소장·관리하고 있는 유물은 3만여 점에 달한다. 이
들 성보를 관리하고 보존하는 일은 통도사성보박물관을 중심으로 이뤄지고 있
다. 통도사성보박물관은 한국 최초의 불교전문박물관으로 도난이나 훼손 등의
위험 요인에 노출되어 있는 사찰의 문화재들을 안전하고 효율적으로 보존 및
전시하고 있다. 또한 이에 대한 체계적인 연구를 통하여 불법과 불교문화의 우
수성을 알리기 위하여 노력하고 있다.

통도사성보박물관의 가장 큰 특징은 불교회화를 효과적으로 보존하고 전시하
는 데 초점을 두고 있다는 점인데, 한국 최초로 불교회화실을 개설하여 운영하
고 있으며 높이 10m 이상의 초대형 불화인 괘불을 상시 전시하고 있다.

은제도금아미타여래삼존상
조선 전기(1450년) 보물 제1747호

우운당부도사리구
조선 후기(1694년)

금동천문도
조선 후기(1652년)
보물 제1373호

박물관에는 대형 괘불을 전시하는 괘불전을 비롯해 통도사역사실, 불교회화실, 제1전시실, 제2전시실, 정원석조유물 등 유물의 특징을 살린 다양한 전시실을 운영하고 있다. 3만여 점의 유물을 보다 지속적이고 안전하게 관리할 수 있도록 통도사에서는 개방형 수장고를 건립 중에 있다. 사찰 최초로 시도되는 개방형 수장고가 완공되면 더욱 많은 소장유물을 실물로 관람할 수 있는 기회가 될 것이다. 3만여 점의 유물이 간직한 3만여 가지의 역사 이야기가 성보박물관에서 펼쳐진다.

한 권으로 읽는 통도사

초판 1쇄 발행 2022년 5월 1일
초판 3쇄 발행 2022년 7월 22일

엮은곳   통도사
            영축총림 통도사_ 경남 양산시 하북면 통도사로 108
엮은이   통도사 영축문화연구원

펴낸이   오세룡
펴낸곳   담앤북스
            출판등록 제300-2011-115호

표지일러스트 이신혜
사진   김세현, 통도사 제공

ⓒ 대한불교조계종 영축총림 통도사

ISBN 979-11-6201-371-7 03910

정가 19,000원